不用催不用吼的时间管理课

21天让孩子变高效、妈妈得解放

温全燕・著

北京理工大学出版社
BEIJING INSTITUTE OF TECHNOLOGY PRESS

图书在版编目（CIP）数据

不用催不用吼的时间管理课：21天让孩子变高效、妈妈得解放 / 温全燕著. —北京：北京理工大学出版社，2021.9　（2021.12重印）

ISBN 978-7-5763-0107-6

Ⅰ. ①不…　Ⅱ. ①温…　Ⅲ. ①时间–管理–儿童教育–家庭教育
Ⅳ. ① C935　② G782

中国版本图书馆CIP数据核字（2021）第147515号

出版发行 / 北京理工大学出版社有限责任公司
社　　址 / 北京市海淀区中关村南大街5号
邮　　编 / 100081
电　　话 /（010）68914775（总编室）
（010）82562903（教材售后服务热线）
（010）68944723（其他图书服务热线）
网　　址 / http://www.bitpress.com.cn
经　　销 / 全国各地新华书店
印　　刷 / 唐山富达印务有限公司
开　　本 / 880毫米 ×1230毫米　1/32
印　　张 / 9
字　　数 / 221千字
版　　次 / 2021年9月第1版　2021年12月第3次印刷
定　　价 / 58.00元

责任编辑 / 闫风华
文案编辑 / 闫风华
责任校对 / 刘亚男
责任印制 / 施胜娟

本书赞誉

▶▶ 全燕老师有上千个妈妈和孩子的故事，个个都生动接地气。今天她的书出版了，我郑重推荐给大家。

——秋叶品牌创始人　秋叶

▶▶ 在全燕老师身上，除了年轻人的朝气与活力之外，更有一份沉稳和坚定。温老师的职业认同感和教育的使命感时常让我感动，而这些特质也体现在她这次的作品中：借助平常的教学案例深入浅出地解读。在引起读者思考的同时，更是把教师的社会责任感和使命感作为一条浓浓的线索贯穿始终。

陈兴华　中科院 EAP 讲师，青岛大学心理学导师

▶▶ 家庭教育的理念很重要，但更为重要的是具体的教育方法；家庭教育的方法很重要，但更为重要的是具体实现的步骤及路线图。全燕老师的这本书有理念的探索、方法的指引，更有具体的操作步骤，作者在理解孩子的同时，又和家长站在一起，与家长一起思考如何面对现实的难题并提出解决的方案。每一个章节都显示着作者的用心，最难能可贵的是每个章节还设计了精巧的练习，让家长在自我对话中有效提升了自己的教育水平，进而解决孩子的时间管理问题。

于明东　国家二级心理咨询师，国家心理咨询师考试培训师

▶▶ 家庭教育专家温全燕老师的时间管理一书，如她本人的治学态度一样，温和而严谨。我从事青少年心理健康工作多年，细读本书，感受着这涓涓溪流涔涔入心的能量来源，我想也正是温老师这股温柔而坚定的能量润物细无声地帮助了那么多的家长和孩子们。《不用催不用吼的时间管理课》，父母的好帮手，孩子内驱力的催化剂。

陈雷　中国心理卫生协会会员，山东省社会
组织联合会医药卫生专委会常务委员

本书是温老师多年家庭教育实战的经验总结，系统梳理了时间管理的方法，配合案例娓娓道来，读来特别轻松又切实有效。每个章节后面设计的家长思考题部分都非常精妙，像是在和读者进行一场面对面的谈话，在对话中轻松帮助读者理清思路，让读者在自我省察中切实帮助孩子提升时间管理能力。

花莹莹　畅销书《顺利升入一年级》作者

作为一名心理工作者的同时，我还有一个更重要的身份：父亲。读着全燕老师书中一个个耐人寻味的小故事，特别能感同身受到当下家长的压力和焦虑：一边因与孩子的“恶习”斗争而精疲力尽；一边在网上搜索各种攻略，一通操作却依然鸡飞狗跳。温老师这本书真是及时雨，既有深厚的心理学理论，又有实用接地气的操作方法，手把手地带家长走出焦躁，带出自律高效娃。

徐智鹏　国际 EAP 咨询师，中国心理卫生协会会员

全燕老师在教育培训界耕耘多年，有着深厚的心理学和教育学的实践功底，相信她的这本浓缩了多年研究和实践经验精华的时间管理著作，定能使您对于如何培养出卓越高效的孩子豁然开朗，不仅学到方法，更能洞察到教育的核心，最终成就身心健康、行动高效的孩子。

马飞鹏　畅销书《情商自控力》作者，北京大学 EMBA 特聘导师

全燕老师近十年一直潜心探索儿童时间管理的实战研究。书中鲜活的实例均来自她多年的家长课堂以及孩子生命动力特训营和时间管理训练营等，这让本书提炼出的方法、工具和理念具有很强的可操作性和落地性。今天许多家长都踏上了心理成长的旅程，可是遇到孩子普遍的时间管理难题时，仍会焦虑。全燕老师的《不用催不用吼的时间管理课》就像及时雨，强烈推荐给家长们学以致用。

石卉　发展教育心理学博士，畅销书《够得着的幸福》作者

我想对爷爷奶奶和年轻的爸爸妈妈说的话

我是一名教书匠：做过两年小学生的“孩子王”，给初中学生上过课，任过高三毕业班的英语老师。后来在近 40 年的大学工作中，从事过专科学生、本科学生、硕士研究生和博士研究生的教学工作。虽然不敢说教学成就“斐然”，但一直受到学生的赞许、领导的肯定，被誉为“好老师”。自从退休做了爷爷，情况发生了变化：从对孙女的疼爱到溺爱，再到她稍大后的教育无方，常常受到儿子和儿媳的指责。我这个“老教育”迷茫过，惆怅过，也常常自责，直到最近阅读了荣美地家庭成长中心创始人——温全燕女士的关于“儿童时间管理训练”方面的书稿，才真正找到了答案，发现了问题的症结，明晓了解决的途径。

现在市场上销售的儿童教育、儿童成长指导方面的图书很多，我不敢对它们妄加评论，但温全燕女士的《不用催不用吼的时间管理课：21 天让孩子变高效、妈妈得解放》与众不同！该书以第一人称的方式叙述，像是在给大众授课，像是在和家长谈心，像是在对孩子们进行面对面的指导，更像是理论与实践的成功契合的展示会！该书收集了众多育儿方面专家的理论及成功人士的事迹，既能把这些理论诠释得准确，又能通过无数个活生生的例证进行实际的指导。书中的例证囊括了儿童教育中家长们几乎常常遇到的所有的问题，且件件都有理性的分析，并给出切实可行的解决方案。会让手持该书的读者们有强烈的欲望去阅读，遇到切身问题能在书中找到解决办法，还能为家长们就困扰的问题互相交流时提供蓝本！我相信：这本书是一本爷爷奶奶看管孙子孙女的指导书，是年轻的爸爸妈妈育儿的必备手册，还有可能成为大一点、有阅读能力的孩子的自我教育读物。

我期盼该书能早点与读者见面。我坚信它在培育儿童成长方面的作用！我将会把该书放到我儿子和儿媳的枕边，我会把它推荐给已为人父母的学生们，我还要把它介绍给和我角色一样的老伙伴们。目的只有一个：让我们的孩子们快乐生活，健康成长，天天向上！

李民权

2021 年 8 月 1 日

于西安

推荐序 2

陪孩子健康成长 为孩子寻找梦想

家庭教育对于孩子来说至关重要，作为一块未经雕琢的璞玉，最后能否成器成宝，在很大程度上取决于父母的引导和教育。但是在不少家庭里，家长面临着教育孩子的一些困惑。比如，孩子不听话怎么办？孩子越大和家长交流越难是咋回事？孩子做事拖拉、分心怎么纠正？等等。我们不禁思考，问题到底出在哪里？是“孺子不可教”，还是做父母的不懂孩子的心思，不善于与孩子沟通？这真的需要一个答案。本书的出版恰逢其时，也恰逢其“地”。

本书作者温全燕是我 20 年前的学生。一切仿佛就在眼前，高中时的她勤奋好学又天资聪慧，乐观开朗，尤其擅长写作，作文课上总能看到她清新自然的文字。今天的温全燕我不敢说是最优秀的，但她是富有爱心的，多年来致力于发展家庭教育事业，热心于公益，奉献爱心，为万千家庭的父母和孩子提供心理辅导和成长支持，深得好评，大家都亲切地称她为“温老师”。

温老师在亲子领域深耕细作，潜心研究，躬身实践，将多年来的研究成果凝练成书，即将付梓出版。前几天，她让我写几句话，虽勉为其难但诚意难却，于是便仔细阅读了她发过来的文稿。读罢，感动、震撼、自豪——为书中这些独到的见解、精辟的理论和鲜活的案例，更为她执着于家庭教育事业的勤勉精神和纯真情怀。正如她言“就是想和家长一起陪孩子健康成长，为孩子寻找梦想”。

这本书共有九章，从如何引导孩子养成良好习惯，如何激发孩子的行动力，如何培养孩子的专注力和坚持力等多个方面进行了一一分析。全书力戒空洞说教，拒绝堆砌概念，而是理论实践结合，感性理性交错，从分析典型案例入手娓娓道来，将高深的心理学和教育学理论内化于心，在润物细无声中启迪内在智慧。比如，第三章“计划力培养篇”中，作者在分析“大夏要求自己安排一段时间”和“凯凯自己安排学跆拳道”中提出了“病毒性信念”这个概念，生动地诠释了给孩子植入强有力信念的重要性，令人耳目一新。其实，书中所列举的大量案例都是我们生活中经常遇到的，对每个素材案例全书都用通俗易懂的语言分析原因，找出症结，给出建议。比如第五章“专注力养成篇”中，作者在谈“如何培养孩子专注力”时给出了“连连看——钟表游戏”和“闪闪快——舒尔特方格”两个游戏，非常具有实用性和可操作性。我觉得，这本书对于广大家长和教育工作者来说，是开阔眼界、更新观念、转变意识的好教材，具有积极的引导意义。

作为家长，我也想说，和孩子共同成长是一个漫长又辛苦的过程。期间，需要不断地自我否定和肯定，需要不断地总结和反思，需要觉醒，更需要改变。为了孩子不可逆转的人生旅程，我们必须学习，必须适应，必须进步，必须学会用正确的方式来教育我们的孩子，来爱我们的孩子——这是终身的功课，也是幸福的功课。

做公益事业，为孩子和家庭服务，需要爱心，需要教育情怀，更需要坚守。衷心祝愿温老师和她的团队发展越来越好，也期待她的这本书能为广大家长和教育工作者带来一些思考和启发。

拙笔至此，是为序。

赵合岭

2021 年 8 月 12 日

自 序

不催不吼，教会孩子时间管理

现实生活中，我们常常会发现，虽然在同一所学校、同一个班级，接受同样的教育，孩子们的学习效果却千差万别。学习越好的学生，时间越充裕；学习越一般的孩子，时间反而越紧张。说到底，出现这种情况，就是因为孩子们在时间管理方面存在的巨大差异，进而造成学习成绩的迥然不同，有的甚至导致学习状态的天壤之别。

在做家庭教育 10 年时间里，我接触到的家长，有 90% 以上都会提到孩子时间管理的问题。当帮助了越来越多“拖拉”“磨蹭”的孩子后，我发现磨蹭拖拉的背后，其本质是家庭教育的问题，原因千差万别，各不相同：有的是情绪问题，有的是内在动力缺乏，有的是因父母不和谐的关系而受到影响，有的是某项技能需要提升，有的是对未来迷茫、没有方向……

更重要的是，在和家长们深入沟通交流中，我发现大多数家长只盯着表象去解决问题，却没有找到问题背后的根源，除了哄、催、吼、骂、打之外，更多的是一种无助、失望、愤怒和挫败。

让我印象最深的是一位 3 年级的女生，她每天晚上写作业要写到 11 点半，父母轮流辅导，有时爸爸还会使用暴力，但孩子写作业的速度并没有提升，反而越来越不愿意学习，成绩在班级倒数，并出现了不断眨眼睛的状况，最后发展到厌学。父母心急如焚，却无计可施。令人欣慰的是，这种状况持续了半年后，家长和孩子一起学习时间管理课程，找到了问题的症结，孩子的磨蹭拖拉也一举得到了根本解决。

多年来，家长们总是愿意和我分享他们学习时间管理课程后的成长和改变，并有很多家长表达了他们的期待：希望我能把关于时间管理的理论、方法、实操和案例等进行结构化的汇总，写成一本“时间管理教学工具书”，便于更多的家长系统地学习和实践，帮助孩子提高学习效率。

于是，从我们帮助过的3000多个家庭中，我精心选择了66个相对典型的案例，历时一年半的时间，将10年一线教学和咨询的经验，浓缩在这本《不用催不用吼的时间管理课：21天让孩子变高效、妈妈得解放》中。

这是一本理论+实践的教学书，创造性地将NLP（身心语言程序学）、儿童心理学、行为心理学等多门实用心理学系统性地运用到了儿童时间管理中，在大量案例的基础上总结提炼出三“5C”时间管理训练法。即：磨蹭拖拉的5大原因、时间管理的5大能力，运用实践的5大场景。

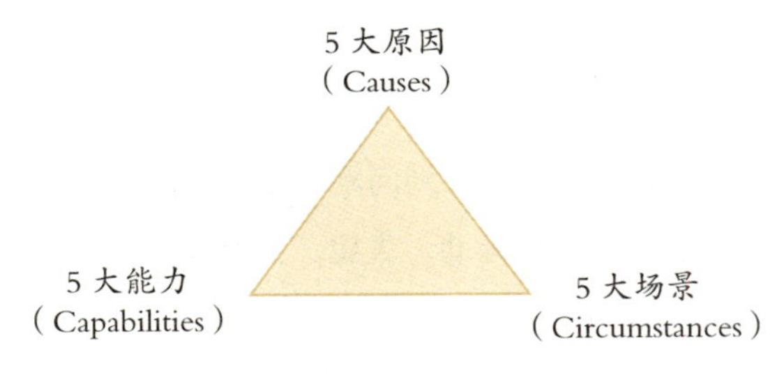

三“5C”时间管理训练法

其中，第一、二章集中分析了磨蹭拖拉的5大原因，以帮助家长们透过现象找到背后的本质，并帮助孩子掌握时间管理路线图。第三、

四、五、六、七章，重点讲解了计划力、执行力、专注力、坚持力和内驱力 5 种能力，逐个解决孩子在时间管理中存在的能力问题。第八、九章着眼于现实生活和学习，重点讲解了时间管理在 5 种学习和生活场景中如何实践，有针对性地破解家长和孩子在时间管理中的重点、难点问题。

为了便于家长和孩子们更好地学习训练，每一小节后都有自测、自查、自练等问卷或表单，大家可以一边读，一边认真做每一章节后面的练习题。

经验告诉我们，从知道到做到，靠的就是行动。只有通过持续练习把理论变成行动，才是解决问题的唯一办法。

我们每个人对自己的孩子都拥有最深的爱，都希望教会孩子时间管理的方法，帮助他们更高效地生活，拥有更好的未来。这正是我的初衷和本书的核心目标，唯愿天下父母都能如愿以偿。

温全燕

2021 年 8 月 19 日

目录

时间管理

CONTENTS

第一章 拖拉、磨蹭、性子慢

——深层分析孩子“变慢”的五大原因

第二章 训子千遍，不如教会孩子管理时间

——帮孩子全面掌握时间管理的路线图

第三章 计划力培养篇

——教会孩子做事有计划，有条不紊又高效

第四章 行动力激发篇

——定好目标就执行，立刻行动不拖拉

第五章 专注力养成篇

——专注的孩子不分心，专心致志更高效

第六章 坚持力提升篇

——把时间管理养成习惯，从“知道”到“做到”

第七章 内驱力唤醒篇

——全面唤醒孩子内驱力，杜绝拖拉和磨蹭

时间管理实战篇（一）

——全面解决那些让妈妈操心的生活问题

第九章 时间管理实战篇（二）

——全面解决那些让妈妈费心的学习问题

第一章
拖拉、磨蹭、性子慢

——深层分析孩子“变慢”的五大原因

上小学二年级的小朋友椰子做作业到晚上11点，总共用时近4个小时。知道这一消息后：

奶奶说：“这不是他的错，弟弟总是过去打扰他。”（环境因素）

爷爷说：“今天写作业时，他在桌洞里放了漫画书，这孩子太贪玩了！”（行为因素）

姥姥说：“这孩子的数学能力实在是太差了，上小学二年级了竟然还掰手指！”（能力因素）

姥爷说：“这孩子总说自己很笨，怎么学都学不会。”（信念因素）

妈妈说：“这孩子压根儿就不是学习的料，随他爸。”（身份因素）

爸爸说：“这孩子总说活得真没意思！”（精神因素）

以上是我们借助罗伯特·迪尔茨所创立的理解六层次为孩子的拖拉、磨蹭、性子慢做了六种归因，六位家长中每一位的表达都代表了一种归因。回忆一下，当孩子拖拉、磨蹭、性子慢时，你说出的话像极了以上六位中的谁？拖拉、磨蹭、性子慢本身是一个行为问题，当行为层面出现问题时，可以借助其他的五个层面来解决问题。在本章中，我们会通过五个维度清晰地剖析孩子拖拉、磨蹭、性子慢背后的五大根本原因。

1 “变慢”是提醒：孩子“变慢”了，从父母身上找原因

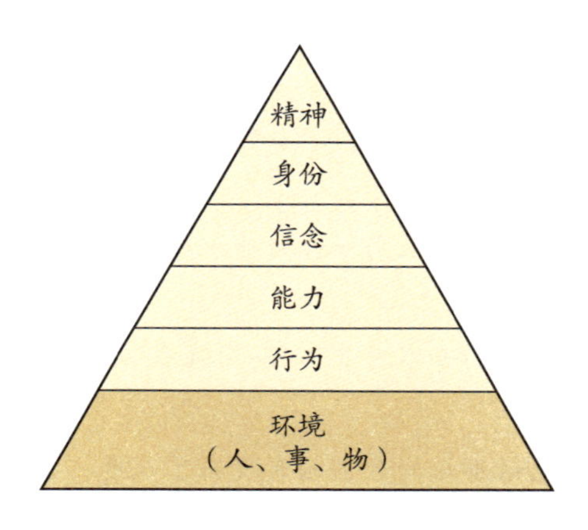

家庭是一台大型复印机：父母是原件，孩子是复印件。

父母是孩子生活“环境”中最重要的因素。孩子做事情“变慢”，大多和家长的生活习惯、生活状态有很大的关系。如果我们能收到这份提醒，并看到这份成长的礼物，便可以借由孩子“变慢”看到自己需要成长的点。

记得有一天早上，刚把孩子送进学校，我就接到了轩轩妈妈的咨询电话。

电话中，轩轩妈妈告诉我她刚刚把哭哭啼啼的轩轩送进学校，因为轩轩今天早上又没有按照她的要求喝白开水。看到轩轩没喝，她顿时大发雷霆，失控地推搡了他。

她疑惑地问：“孩子都上小学了，怎么连这么一个小习惯都没有养成呢？”她感到非常挫败和愤怒，但是看着轩轩既委屈又害怕地缓缓进入校门的背影，她又感到非常心疼和自责。当再也看不到轩轩的背影时，她终于控制不住，泪奔了。

电话里，轩轩妈妈一边哭一边说：“每天早上我都要求孩子喝一杯白开水，可是这么多年过去，现在都上小学了，轩轩依然是不催不喝，就算是喝也是慢吞吞的。每次看到他慢吞吞的样子和一脸郁闷的表情，都能被他气疯！”

听轩轩妈妈说完这些，我问：“你希望孩子每天早上喝一杯白开水，是吗？”

妈妈说：“是啊，早上喝一杯白开水对身体好，我一直是这么要求他的。”

这时，我问：“喝白开水对身体好，你每天早上都会喝一杯白开水，是吗？”

这时，只听电话那端的音调顿时提高了八度，“温老师，我每天早上一睁开眼睛就开始做饭，做饭的时候，我还要叫孩子起床、给孩子找衣服，孩子他爸是个甩手大掌柜，所有的事情都由我一个人来做，每天早上是我一天中最忙乱的时刻，每天都像打仗似的，我哪有时间喝水啊？”我能感觉到对方在说这段话的时候，在努力地克制情绪，但仍能明显感受到她的愤怒，愤怒中还夹杂着一些委屈。

这时我又问：“对身体这么好的事情，你因为各种原因没有去做，你觉得轩轩能够真正感觉到这件事情真的很好，真的对身体很重要吗？他的内心会不会嘀咕，喝水那么好，为什么妈妈不喝呢？”

当我说到这里，电话那端传来轩轩妈妈咯咯咯的笑声。

很多时候，我们作为父母总觉得自己已经说得很明白，孩子只需照做就可以，但小孩更多的不是听父母怎么说的，而是看父母是如何做的。当看到孩子做一件事情拖拖拉拉，甚至还有抵触情绪时，我们有没有去回看一下孩子的这种状态，和自己有没有关系呢？

轩轩妈妈在那次通话之后，每天早上都会倒三杯白开水，一杯给轩轩爸爸，一杯给轩轩，一杯给自己。

她每天早上坚持自己先喝水，刚开始偶尔也会忘，后来慢慢形成习惯后，她发现孩子也很自然地养成了喝水的习惯。

父母是原件，孩子是复印件。有些时候孩子看上去的磨蹭可能并非真正的磨蹭，而是受家庭环境的影响。比如：我们希望孩子早点睡觉，可是已经十点了，我们依然没有熄灯进入睡觉状态；我们希望孩子早起晨读或者健身，可我们却总是睡懒觉；我们希望孩子不要玩手机，而我们却整天手机不离手……

通过环境原因的分析，试着去感受一下，在孩子“变慢”的一些事情上，有没有一些原因是源于我们自己呢？如果是，是哪件事情呢？针对这件事，你又有哪些思考呢？

思考与练习

1 回忆生活中孩子磨蹭、拖拉、效率低的一件事情是什么？

A. 吃饭　B. 睡觉　C. 穿衣　D. 写作业　E. 玩耍

F. 其他事情请写在下方

2 在上面这件孩子磨蹭的事情上，你发现自己的哪些习惯对孩子产生了影响？其他家庭成员还有谁，可能也对孩子的磨蹭、拖拉产生了一点儿影响？具体是如何影响的呢？

③ 为了让孩子在这件事情上变得更高效，从今天起，你可以马上做出的改变有哪些?

2 “变慢”是求助：父母读懂信号，帮助孩子提升能力

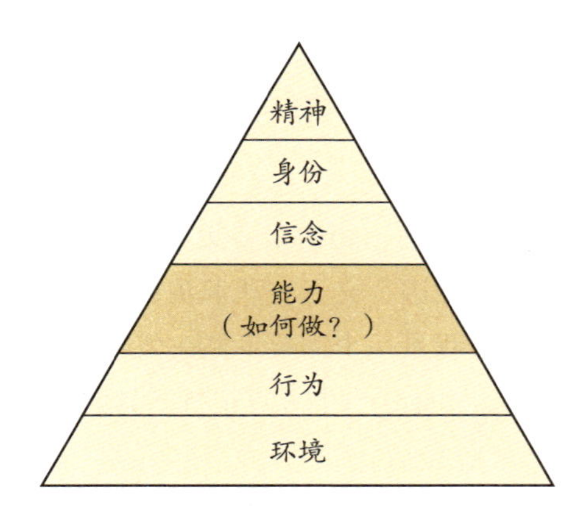

当一个孩子是因为能力的欠缺而“变慢”，这时的磨蹭、拖拉其实是一个求助信号。

如果家长没有正确解读这个信号，反而因为孩子慢而情绪烦躁，进而指责谩骂孩子，对孩子效率的提升毫无益处，还会导致亲子关系紧张。

上小学二年级的小美，每天上学前的40分钟是和爸爸关系最紧张的时间段，爸爸每天早上都会催：“快点快点，不然又要迟到了！”“你要是再这么磨蹭，我以后就不管你了！”小美每天都在爸爸吆喝暴怒中含着委屈的眼泪出门。

很多时候，妈妈都不忍心看孩子的眼睛。但就算不看，她也能感觉到孩子内心的胆战心惊。

小美妈妈经常站在阳台上看着楼下怒气冲冲走在前面的爸爸，和跌跌撞撞一边想走快一点儿，一边又拖着大大的书包走不快的孩子而叹息，她甚至开始怀疑自己是个不称职的妈妈。

从不解到怀疑、到崩溃，经历了无数次挣扎依然没有方向的小美妈妈走进了我们的家长课程。和很多有觉察的妈妈一样，小美妈妈一进入课程，就开始不停地自责，自责自己经常做爸爸的帮凶，轮番数落和指责孩子。孩子很可怜，小美妈妈自责的同时，又忍不住纳闷，自己为什么是这样的呢？

当孩子出现磨蹭的状态，相信很多父母都会和小美的妈妈一样，他们努力想知道是什么原因，又无法从源头上发现到底是什么原因，事实上，探寻根源的过程是一个需要不断去发现真相的过程，而这个过程需要不断地发问，才能让当事人真正找到具体的成因。

我问小美妈妈："小美是在什么事情上磨蹭呢？"

小美妈妈很显然从来没有静下心来思考过这个问题，她低头沉思了一会儿，说："温老师，小美不论做什么事都磨蹭。"

我继续问，你再回想一下："小美是在所有时间段都磨蹭吗？"

她思考了一下说："早上出门前。"

我继续问："早上出门前在具体哪件事情上磨蹭呢？"

她经过了深深的思考之后，告诉我："在穿衣服和穿鞋子上。"当小美妈妈说出这句话时，我留意到她长长地舒了一口气。

我又问："我留意到你长长地舒了一口气，你想到了什么呢？"

小美妈妈说："每天早上看着孩子磨蹭，我一直感到很烦躁。一直觉得她处处磨蹭，刚才温老师的问话让我突然意识到孩子是换衣服和系鞋带很磨蹭。"

我又问："这些事情，之前在幼儿园是谁来做的呢？"

小美妈妈说："孩子上幼儿园时住在爷爷奶奶家，只有周末才回来，爷爷奶奶帮她穿衣服穿鞋子，很自然地就带着孩子去上学了。但是，孩子进入小学后，我和爸爸觉得她已经长大了，再加上小学不能迟到的现实压力，也本能地进入一种压力状态。我们光顾着每天早上催孩子快快快，却没有留意到孩子还没有真正掌握这些基本的生活技能。"

我们的大脑有个很重要的特点叫扭曲删减一般化，这个特点导致我们经常容易犯以偏概全的错误。孩子每天上学前的那段痛苦时间，让小美妈妈对孩子产生了磨蹭的刻板印象，觉得孩子事事磨蹭、时时磨蹭。通过不断发问，可以让小美妈妈越来越聚焦、越来越具体地看到事情的真相，这时问题本身就已经有了解决的方向。

在明确了小美磨蹭的原因之后，小美妈妈和爸爸做了很好的沟通，重点培养孩子的基本生活能力，并手把手示范给孩子如何穿衣服、如何系鞋带，很快，小美早上磨蹭的情况就得到了缓解。

当孩子磨蹭时，如果我们一直盯着行为问题去指责抱怨，甚至打骂孩子，不但无法解决问题，反而让孩子的状态越来越差，效率越来越低；但是当我们通过磨蹭这一行为问题，找到需要提升的能力，就像是吃了一颗定心丸，知道了从哪些方向上去切入。

一旦方向明确，我们就不会焦虑慌张。和孩子制订提升方案，踏踏实实地每天进步一点点，孩子拖拖拉拉的习惯一定会得到改善。除了基本生活能力的提升，磨蹭背后也会涉及时间管理能力的欠缺，这个部分我们会在第二至第七章中系统去介绍。

思考与练习

1. 现在和孩子找到一件孩子自己最希望提升效率的事情。

   A. 吃饭　　B. 睡觉　　C. 穿衣　　D. 写作业　　E. 玩耍

F. 其他事情请写在下方

②和孩子讨论一下，当他（她）具备了哪几项能力，就可以大大提高做这件事情的效率。其中最重要的一项能力是什么？请在选中的这项最重要的能力前标上“☆”号。

③宝贝，你认为自己只要做到哪三点，就可以快速提升刚才说的那项最重要的能力？

“变慢”是情绪：孩子情绪愉悦，动作麻利效率高

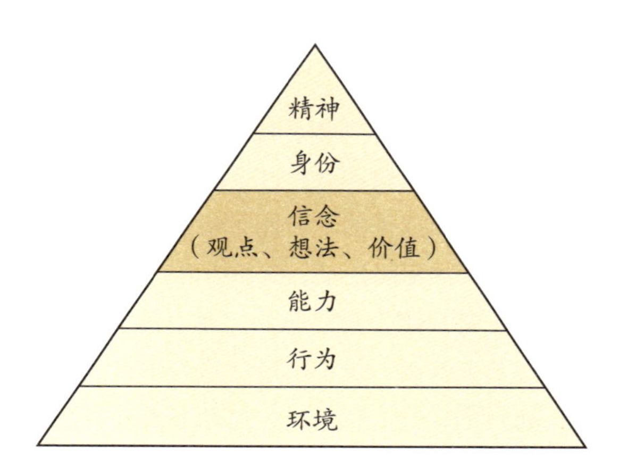

人的头脑里每时每刻都会闪现很多想法，这些想法就是理解六层次中的信念。信念是：事情应该是什么样子，受个体成长经历和经验的影响，信念是主观的，它没有对错之分，但却有合理和不合理之分。积极正向的信念能够帮助我们更好地生活，我们称之为强有力的合理性信念；负面的消极的信念给了我们很多的束缚和枷锁，我们称之为病毒性信念或限制性信念。

在日常生活中，看到一个人的行为非常容易，但看到导致行为的信念却并非易事，如何证明信念是存在的呢？

比如：此刻正在看这段文字的你，在一个空间里或躺或坐或倚，无论哪种姿势，我断定你的头脑里一定有这样一个信念：“我所处的地方很安全。”首先你有了“我所处的环境很安全”这个信念，接下来才有了“安心读书”这个行为。假如此刻看书的你，头脑里的信念是：

“我所处的环境很危险。”这时的你会是怎样的一个状态呢？能看到的行为是否还会是安心读书的样子呢？答案显而易见。

信念影响着我们每时每刻的行为，但我们很难看到它。比如：“这里很安全（信念），我要看书啦（行动）。”上面这个逻辑它真实存在于我们的头脑中，而我们却并不一定能够意识到它。除非已经经过刻意训练，否则，我们很难清晰地看到信念，这是因为信念隐藏在我们的潜意识中。

现实生活中，能力会影响到孩子行动的快慢，但如果一个孩子明明具备做事情的能力，却偏偏不做，这个时候，就需要家长去探索孩子行为背后的信念。比如孩子的学习能力很强，写作业却非常拖拉；比如孩子钢琴10级，参加班级活动，孩子却再三推脱，迟迟不肯练习；再比如孩子在上幼儿园时就会叠被子了，到了六年级每次叠被子都需要家长提醒，说得紧了就做，说得不紧就拖着不做，等等。只有找到孩子不行动或行动慢背后的信念，通过松动和改变信念，才能从根本上解决孩子做事拖拉和磨蹭的问题。

画儿是一位小学三年级的小女生，学舞蹈已经三年，但有一段时间，她说什么也不去上课。

妈妈非常气愤，觉得一个好习惯养成不容易，怎么可以随便放弃？所以，即便孩子哭，就算是扯着拽着，她也会把孩子送到舞蹈教室。但妈妈每次看到女儿在舞蹈课上游离伤神不开心的样子，都很难过，也很迷茫：“好话说尽，孩子根本就听不进去。从小就懂事的她，究竟是怎么了？”

我问妈妈：“你有没有问过孩子不想上课的原因呢？”

妈妈说：“问过。会问她：‘你为什么不去上舞蹈课？别人都练得好好的，为什么只有你那么多事让妈妈这么操心？’”

我留意到妈妈从语气、语调到用词满是对孩子的质问和不理解，尤其两个“为什么”传递出的强烈质疑，会让孩子高度紧张和烦躁。于是，孩子本能的反应是逃避或找借口，无法放松思考自己到底怎么了，因此，很难找到孩子潜意识中的真正信念是什么。

听我说到这里，妈妈恍然大悟：发现自己每次说话都非常急躁和愤怒。我告诉她孩子明明有能力却不想去做这件事，一定是有个想法阻碍了她，我们可以帮助孩子放松地看到这个想法。我建议她放下所有期待，带着好奇去探索孩子内心真实的想法。

回到家，妈妈一改原来那种质问的语气，安定且平和地问孩子:“画儿，告诉妈妈你想到了什么不愿意去上舞蹈课呢？”

原本开心和妈妈聊天的画儿，表情瞬间就黯淡下来了。她耷拉着脑袋，很小声地说：“我们舞蹈老师说我骨头太硬，不适合练舞蹈。”说完，哇的一下放声大哭。

这时，妈妈终于意识到是孩子一不小心被种下了一个病毒性信念，她也瞬间理解了孩子为什么一上舞蹈课就拖拉磨蹭，找各种借口不想去。是啊，当孩子带着“我的骨头很硬”的信念去跳舞，她的内心一定是挣扎且想逃避的。

找到了困住孩子的信念，如何帮助孩子去松动和改变这个信念呢？在孩子心里，舞蹈老师是权威，所讲的话就是真理。这在无形中增加了改变信念的难度。

妈妈知道孩子被困住的原因是“觉得自己骨头很硬”，于是开始有意识地夸奖孩子的柔韧性很好，跳舞很好看。虽然女儿也会开心，但妈妈能感觉到这些鼓励并没有能够真正解决画儿内心的痛点。

几周后的一次家长课上，画儿妈妈喜悦地分享，“孩子现在超级愿意去练舞蹈啦！”

到底发生了什么呢？画儿妈妈是如何做到的呢？

原来她带孩子去医院做了专业的骨密度和硬度测试。医生了解了事情的原委后，非常热心仔细地给孩子讲解了影响骨骼柔韧性的各种因素，同时结合检验报告让孩子看到她的指标完全正常，柔韧性很好。

用妈妈的话说，看着女儿小心翼翼地拿着报告，笑眯眯认真听专家解析的样子，她知道医生的权威和白纸黑字的数据在慢慢松动她的病毒性信念。

果真，在那之后，孩子总是高高兴兴地去上舞蹈课。

在日常生活中，孩子经常会被植入的病毒性信念还有：

我一无是处！
数学太难了！
我什么都做不好！
学习是一件苦差事！
写作业是世界上最浪费生命的事！
学海无涯苦作舟！
梅花香自苦寒来！
趁着幼儿园赶紧玩吧，上了小学，好日子就到头了！
……

一旦孩子的磨蹭、拖拉是由病毒性信念导致的，这时单单去改变拖拉本身是很难的，对孩子来说也是很痛苦的。案例中，画儿妈妈通过找到孩子被植入的病毒性信念，同时帮助孩子更改病毒性信念，才解决了拖拉、磨蹭不愿意上舞蹈课的问题。

我们也看到改变信念的过程尤其需要父母的智慧和耐心，但现实中有的父母看到孩子在一件事情上拖拖拉拉，总以为孩子是在偷懒，于是就批评指责，甚至殴打孩子。这样非但不能真正解决问题，还会让孩子越来越讨厌做这件事情。如果我们本来就在错误的道路上奔跑，那么，停下来就是最大的进步。和孩子一起静下心来，排查一下孩子头脑里的病毒性信念吧。

思考与练习

1 本节中，提到我们一不小心给孩子植入的病毒性信念，会让孩子产生抵触情绪，进而影响孩子行动的速度。

回忆孩子成长的过程中，你有没有给孩子植入一些病毒性信念，影响了孩子做事情的积极性和办事效率？把你想到的那些写在下面的横线上：

....

2 你认为自己只要做到哪三点，就可以帮助孩子松动、修改，并删除以上这个病毒性信念？

首先做到：..

其次做到：..

最后做到：..

3 为了更好地做到上面的三点，你希望你的爱人如何来支持你？请把你想到的都写下来，并找机会说给对方听。

....

....

"变慢"是被困：父母正向强化，孩子自信才高效

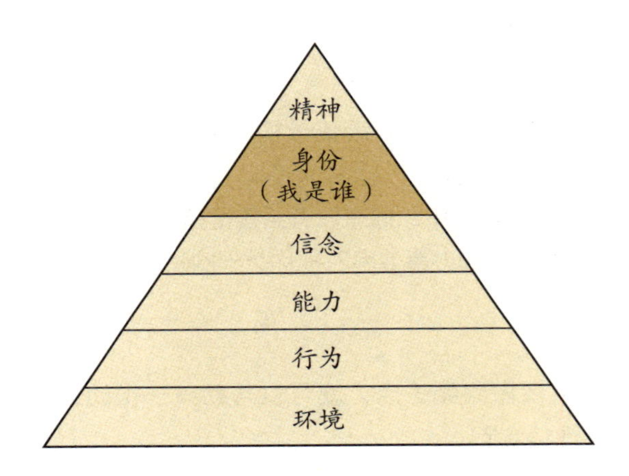

身份是一个人思维活动的核心部分，它无时无刻不在告诉这个人"我是谁"和"我是怎么样的一个人"。它处于理解六层次的第五层，一个人具有怎样的信念和价值观，能够表现出什么能力，做什么不做什么，做得快慢，都和他的身份有着紧密关系。

一个经常在运动上被妈妈夸赞有天分的孩子，大概率地，他会喜滋滋地参加此类活动，从而不拖拉；一个经常在吃饭上被妈妈戏谑为"拖拉斯基"的孩子，大概率地，他吃饭时会一拖再拖动作慢；一个因整理衣橱不熟练而被妈妈怒吼为"磨蹭大王"的孩子，大概率地，在收拾房间时，他的动作也不会太快。

这些身份标签，具体是如何影响着一个人的做事速度呢？

对面邻居搬到我们小区那年，我家老大 5 岁，恰好邻居家儿子罗罗也是5岁。

罗罗第一次主动要求到我家玩时，罗罗妈妈就指着孩子对我说："洋洋妈，我们家罗罗就是个膏药，以后别让他去你家玩。"我当时以为她要客套一下，也没问罗罗妈妈说的具体是什么意思，就笑着说："别啊，两家离得这么近，两个孩子又一样大，有个玩伴一起玩多好，有空就多让孩子来！"

从那以后，罗罗就会经常来我家串门儿，但我发现一个很有意思的现象：每次家人喊罗罗回家，他都会用各种方式藏起来，床底下、门后边、厨房里、卫生间……每次回家前，罗罗都像淘气的小猴一样窜来窜去，没有一次可以准时回家，必须家长连哄带骗才能拖回家。

这样的场景几乎每次都在重复上演。

有一次又到了罗罗回家的时间了，只见罗罗妈妈使劲儿地把他拉到门口，眼看马上就要成功的时候，罗罗一把抓住门框，整个背部贴在防盗门上，用尽全身力气朝着妈妈大喊："我不走！我不走！我就是个膏药！"

那一刻，我瞬间记起罗罗妈妈说的膏药。是啊，多么形象的表达："我是膏药，一旦黏上，我就不走了。"

试想一下，罗罗妈妈会和我说孩子是个膏药，会不会和她的家人朋友说呢？

一定会的。因为妈妈处于无意识状态，没有意识到这两者之间的关联。这时孩子被重重地贴上了一个身份标签：膏药。那既然是膏药，要不要符合膏药的气质呢？这时，我们再看罗罗每次回家前东躲西藏、拖拖拉拉的样子就比较容易理解了。

发现这一状态之后，我提醒了罗罗妈妈，告诉了她"膏药"和"孩子每次回家都不愿意回"之间的联系。这时，妈妈才猛然惊醒，原来是自己用身份标签把孩子给困住了。

从此以后，罗罗妈妈开始有意识地表达罗罗越来越有时间观念了，去别人家串门一到时间就回家。

在我家玩的时候，罗罗妈妈一喊孩子，看到孩子站起身来，罗罗妈妈就立刻说："你看现在，我一叫他，他就马上起身，变得越来越守时。"

这样坚持了一段时间后，罗罗妈妈每次敲门提醒，罗罗就会快速反应第一时间回家。

看到这里，我们也回忆一下，孩子从小到大，我们有没有一不小心给孩子贴上了一个和磨蹭拖拉相关的"标签"呢？

有时候，我在家长课上问这个问题，部分家长会摇头，说："我平时很注意，不会给孩子贴这样的标签。"

事实上，有些标签是很隐蔽的，就连家长自己都不一定能意识到这是个标签。

壮壮是一位小学四年级的小男生，壮壮爸爸和我说他经常写作业到 11 点。

在特训营的一次静心练习中，壮壮闭着眼睛流泪了。原来，他回忆起爸爸经常说的最让他难过的一句话："你学习要是有吃饭这个劲头就好了！"

这句话，乍一听没毛病，但壮壮 1.4 米的个头儿，体重 110 斤，他对自己的体重很不满意。当爸爸每次说出"你学习要是有吃饭这个劲头就好了"，壮壮就会很沮丧很难过，觉得爸爸在说他是个吃货，也在说他是个学习不努力的人。

当壮壮爸爸了解了壮壮的内心活动时，感到非常懊恼，本来自己觉得是句玩笑话，没想到，竟然给了孩子这样糟糕的感受。

了解了壮壮的内心感受，壮壮爸爸很用心地和壮壮做了一次沟通。

他说："壮壮，你看你吃饭劲头很大，温老师说了，你现在年龄小贪玩儿，只是暂时没把这股劲儿用在学习上。”听到这里，壮壮大大的眼睛里充满了光和希望。

壮壮爸爸继续说：“有劲头是好事，比没有好太多啦。剩下的就是你来决定把它用在什么地方。而且我相信，随着你慢慢长大，你会越来越理解学习的重要性。当你开始把这个劲头用在学习上，你就会越来越厉害。”

壮壮爸爸的鼓励，让壮壮在学习上的主动性越来越强，学习效率也得到了极大的提升。

父母是孩子最好的催眠师。你说他快，他就快给你看；你说他磨蹭，他就磨蹭给你看。这就是宇宙最大的法则——吸引力法则。

当我们洞悉了宇宙这一最大的法则，知道了我们给孩子所贴的“身份标签”都会如愿，我们就要放下那些困住孩子的“身份标签”。当我们在生活中，有意识地给孩子积极的心理暗示和正向的身份标签时，比如：你知道珍惜时间了，你做事很麻利，你很守时，等等，孩子也一定会越来越高效。

思考与练习

1 仔细回想你一不小心给孩子贴上的，或者是你在头脑中认定的，和孩子的“速度”有关的身份标签有哪些呢？比如“这孩子天生就性子慢”“我让你急死了”“这孩子和他爸一样，就没有一个时间的观念”，把你想到的 1~3 个类似的表达写到下面的横线上。

......

......

......

2 和孩子去沟通以上 1~3 个标签，孩子深深认同的标签是哪个？针对这～标签，找到三个证据来证明这个标签并不符合孩子。

③ 当孩子摘下那些负面标签，孩子会呈现什么样的状态？闭上眼睛，你看到了哪些画面？这是在哪里？孩子在做些什么？你看到了一个怎样的孩子？如果要用形容词来形容孩子，是哪三个词呢？把你看到的画面和所看到孩子的状态写到下面的横线上。

5 “变慢”是迷茫：父母有高度，孩子目标清晰有动力

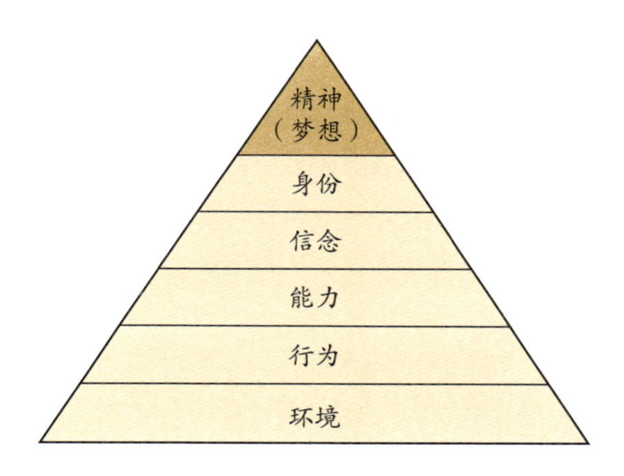

有多少家长亲手折断了孩子的翅膀，又责备孩子不会飞翔？

每次给孩子上课，经常会有小朋友对我说：“温老师，我妈妈经常说我磨蹭，我其实并不磨蹭，我只是不想做她给我安排的那件事情。我不明白，为什么要学那么多东西，学校里的我能理解，各种各样的特长班一个接一个，周末我和妈妈两天都在路上，就连午饭都是在车上吃。我不明白，人为什么要学那么多东西呢？”

是啊，为什么要学各种东西呢？我们做所有的事情一定是为目标服务的，无论是学习也好，做任何事情也罢，我们一定是为了实现某个特定的目标。那么，各类学习的目标到底是什么呢？是为了找个好工作？是为了有个好生活？还是为了有个好对象？

到底是为了什么呢？

而且你会发现，随着孩子年龄逐渐增加，到了初中甚至在小学高年级，很多孩子就不再甘于被父母安排着上各种课，他们开始有了自己的主张，这背后其实是孩子开始不断思考：这件事背后的意义到底是什么？

珺珺是一位小学四年级的小男生，珺珺妈妈给他安排了游泳课，他说什么也不愿意去。报了很久，一节课也没上。珺珺妈妈一直很发愁，别人家孩子都在学，他怎么偏偏就不学呢？

后来，珺珺来到我们的生命动力特训营，在梦想环节，我问珺珺："长大后你想做什么？"他喜滋滋地告诉我："温老师，我想做军人！"

于是我又问："你想成为一个合格的军人，接下来，你需要做什么呢？"他列了一长串早起计划和健身计划，我看到他在健身计划里写下了游泳。

过了没几天，珺珺妈妈给我反馈说："温老师太神奇了，你跟孩子说什么了？上完课，孩子就对我说要去上游泳课，这太神奇了，太神奇了！"

是的，当一个孩子不知道目标或者没有思考过目标，但每天都被动地按学校或者家长要求去做时，孩子就像拉着磨盘行走的驴子，它根本不知道为什么走，而且要坚持一直走。

但随着孩子一天天长大，他的内心一定会产生这样的疑问：为什么要往前跑？为什么要在这条路上跑？

如果孩子一直没有思考清楚或者一直不清晰，那么他在奔跑的路上的质疑就会耗费他很多的能量。一旦他自己清楚了目前所做的和他想要的事情之间的联系，在内心为现实和未来之间架起一座桥梁，他自然可以做到真正的高效。

孩子自己的人生梦想，就像一个可以引领孩子不断前进的导航仪。但许多家长并没有意识到梦想的重要性，也并不了解孩子的人生梦想是什么。有的家长甚至在孩子表述自己的梦想时，还会说一些风凉话，不但没有强有力的支持，反而扼杀了孩子的梦想。有哪些表达会让孩子不敢有梦想，没有办法为自己的人生确定航向呢?

第一种破坏性表达：就知道吹牛，快别丢人了!

大宇是一个一年级的小男生，他告诉我他的梦想是成为一名市长。

告诉我时，他四处看了看，并小心翼翼地说："温老师你给我保密，我爸爸和妈妈说我这样总是吹牛会被别人笑话的。"

后来，我和大宇爸爸妈妈沟通孩子的梦想这件事，果不其然，两位家长都争抢着批评孩子，"这孩子就知道吹牛，天天连作业都完不成，还想当市长，你说丢不丢人?"

大宇的例子不是一个个例。我发现一个值得思考的现象：一般问小学生，你的梦想是什么? 98% 以上的孩子都是可以回答上来的，我想当军人，我想当美食家，我想当服装设计师，我想当科学家……但是初中生以上的孩子包括成年人，被问及你的梦想是什么? 仅仅有 30% 的人会清晰地知道自己的人生规划，70% 以上的人会说不清楚。

年龄越来越大，却越来越不知道自己想要什么，这其中的原因是什么呢? 一个非常重要的原因就是很多孩子在早期表达自己的梦想时受挫了，或者像大宇这样受到了嘲笑，于是，他干脆就不说了，慢慢地，自己也不知道自己想做什么能做什么了。再后来孩子也搞不清学习的意义到底是什么，更谈不上高效学习了。

第二种表达：天天变来变去，一点儿正性都没有!

樱桃是我们时间管理训练营一位二年级的小女生。

樱桃妈妈说："温老师，樱桃倒是有梦想，但经常换，去年想做蛋糕师，前段时间想做科学家，最近又告诉我想做服装设计师。她这样天天变来变去，一点儿正性都没有，做任何事都不能坚持，我真的感觉很烦躁。”

于是，樱桃妈妈天天指责她没有正性，做什么事情都不能坚持。再后来，樱桃就不再和妈妈说自己的想法了，问她想做什么，总是低着头说还没有想好。

樱桃妈妈看到她既害怕又有点儿挑衅的样子顿时就气不打一处来，觉得孩子是在敷衍她。

处于小学时期的孩子，他们的头脑天马行空，各种想法经常变换。这时我们一不小心就会像樱桃妈妈担心孩子没有正性那样，担心孩子不能从一而终。正是我们内心有担心，就无法给予孩子真正的支持力，时间一长，孩子慢慢也就不愿意说自己的梦想了。

当我们的视野足够宽阔，你会发现蛋糕师也好，科学家也好，服装设计师也好，无论孩子说出哪一种梦想，接下来，需要付出的行动都是相通的。作为家长，我们可以放下所有担心，同时和孩子去讨论：“这个梦想很棒，那如何去实现这个梦想呢？我们每天可以通过做些什么来实现它呢？”

当我们任何时候都带着这样的淡定和孩子去讨论梦想，孩子梦想的种子才会被保留下来，才有机会和每天所做的事情挂钩，帮助孩子提升日常做这些事情的积极性和主动性，从而提升孩子的效率。

第三种表达：听妈妈的，妈妈走过的桥比你走的路都多

承承是一位六年级的小男孩，他的梦想是成为一个游戏设计师。

每一次说到自己的梦想他都会眼里闪着光芒，他会把自己设计的游戏枪支弹药库描绘得淋漓尽致，那感觉就好像此时他已经设计了这

样一个游戏。

他的妈妈是这样和我介绍承承的："温老师，我们家孩子整天净想些没用的，每天都在纸上写写画画，设计的全是些打打杀杀的场景图。这孩子真是没救了，光知道玩儿，都不知道学习。做个游戏设计师能有什么出息！和他爸爸一样做企业，做个CEO多好。"

正是因为妈妈不认同承承的梦想，一看到他设计的图纸就很愤怒，经常失控时给孩子撕得粉碎。

孩子的爱好得不到支持，还经常被妈妈指责嘲笑。这样的状态之下，承承和妈妈的关系非常紧张，孩子经常在气愤的时刻甩门而去，回过神来又觉得不尊重妈妈，搞得自己很愧疚。

整天在这种状态下的承承，无论做什么事都无精打采，做事效率特别低。

有多少父母和承承妈妈一样，一旦孩子想要的，不是我们希望的，就开始用自己的权威去告诉孩子"我是对的，我是为了你好"。但是，我们却忽略了一个问题：孩子不是一个机器，他有自己的思想。

这让我想起之前我辅导过的一位高中生，当时他的妈妈希望他学文科，而他自己喜欢计算机，在选择文科还是理科时和妈妈发生了激烈的冲突。到今天，我依然记得他坐在咨询室椅子上耷拉着脑袋无精打采的样子，他的眼神无助，哀伤地说："温老师，这很残忍，这就好比你想吃一根香蕉，妈妈却给你用尽全部积蓄运来一车苹果，可我真的没有胃口，并且这一吃就是一辈子；如果我不吃，就是辜负了父母的用心，就不是个好孩子。"

试想，一个想吃一根香蕉的孩子，他的一生被塞满了苹果，却从来没有吃到过香蕉，这样的人生岂是"悲催"二字可以形容的？试想那些情急之下对父母大发脾气甚至残忍伤害父母的孩子，有多少是源于不能为自己的人生做主的那种窒息感？那么，你允许孩子可以有属于他自己的梦吗？

在承承的案例中，更重要的一点是，承承还小，他的价值观不成熟，梦想随时都可能产生变化。所以，承承妈妈大可不必纠结孩子的梦想具体是什么，重要的是，认同孩子的梦想并引导他思考：为了实现我的梦想，我现在可以做些什么呢？

成为一个游戏设计师，是否需要学好语文、数学、英语、绘画，并锻炼好身体？而这些，成为一个出色的 CEO 是不是同样也需要？

承承妈妈看到这里瞬间不再纠结，并愿意大力支持孩子的想法。退一万步，如果孩子真的成了游戏设计师，他吃到了自己想吃的那根香蕉，对孩子有什么不好吗？如果，孩子成了那个 CEO，他守着整车的苹果却念念不忘那根香蕉。他满足了所有人的期待，却为难了自己一生，这样的人生对他又有什么意义？

有多少成人，包括看书的我们自己，或许就是那个一生都生活在别人期待里，唯独没有想过自己想要的是什么的人。这样的人生真的幸福吗？实际上，只有当我们真正明白自己想要怎样的人生，并愿意为之努力的时候，我们才学会了做自己，也才能真正允许孩子做他自己。

第四种表达：就这么点儿要求？你能不能有点儿出息？

小鱼儿来到我们时间管理训练营时，她的妈妈抱怨小鱼儿的梦想不够远大，竟然想成为一个裁缝！

“妈呀，搞笑不搞笑，能不能有点出息？现在谁还用裁缝？！她做裁缝能吃上饭吗？！”

如果你的孩子希望成为一个裁缝，你会和他说什么呢？被妈妈这样讽刺挖苦甚至责骂一通的孩子，小鱼儿还敢有梦想吗？

我问小鱼儿："成为一个裁缝，你觉得从今天起，你需要为自己的梦想做哪些准备？"

小鱼儿不假思索地说："我要学好我的文化课，还要学好画画，对了，我现在还可以和妈妈一起做些小手工。"

当小鱼儿妈妈看到孩子说出的自己接下来要做的事情，她眼睛瞪得滚圆并激动地说："温老师，还可以这样？以前她一说做裁缝，我就感到烦躁，我就觉得这孩子怎么这么没出息，更谈不上耐心引导她了。"

我想很多家长当听到孩子说出的梦想不是我们认为的体面或者高级的梦想时，就想一下子给孩子拨正过来。事实上，孩子的每一个梦想都是一粒种子，当我们抓住孩子这个梦想，通过启发式提问，帮助孩子把梦想落脚到每一天可以做些什么时，你会发现，梦想其实不遥远，而是和我们生活的每一天紧密相连。

找到靶心，每天的拉弓才有意义；有了意义，孩子才会有高效行动。你的孩子有梦想吗？你曾经和他讨论过他的梦想吗？

思考与练习

1 孩子从小到大，当孩子说到他的梦想，你否定孩子梦想的类似表达是：

A. 就知道吹牛，快别丢人了！

B. 天天变来变去，一点儿正性都没有！

C. 听妈妈的，妈妈走过桥比你走的路都多。

D. 就这么点要求？你能不能有点出息？

E. 其他：……………………………………

2 帮助孩子找到梦想：

以四年级的小学员樱桃要做一个服装设计师为例子，我问了她三个问题：

A. 孩子你想成为一个什么样的服装设计师？

（孩子回答：世界一流的，时尚的，受人尊重的。）

B. 成为这样一个服装设计师，你至少需要具备的三个能力是?

（孩子回答：审美，英语，自律。）

C. 为了具备这些能力，接下来，每天你可以做的事情是什么呢?（行动）

（孩子回答：1. 看名画看古迹；2. 每天读英语 30 分钟；3. 每天早上 6 点起床；4. 学好文化课。）

用以上方式，帮助孩子去了解他的梦想，了解需要提升的能力以及行动计划（孩子填写）：

A. 我的梦想：我想成为一个__________、__________、__________的__________。

B. 实现这个梦想，我至少需要具备的三项能力是__________、__________、__________。

C. 做到哪三件事情，我就可以具备以上的三项能力?

....

....

3 为了帮助孩子不断接近目标，列出三件今天起你就可以做的事情：

A. ....

B. ....

C. ....

本章小结

1/ 通过本章的学习，你对孩子磨蹭拖拉产生的原因有了整体的把握。你有没有整体上思考和分析孩子的磨蹭拖拉主要集中在哪几个点上？通过分析，你得出了哪些结论？

2/ 从学习本书以来，你和你的爱人做了哪些调整和改变？具体的行动有哪些？

3/ 孩子在克服自己最在意的那件磨蹭拖拉的事情上，做了哪些努力，具体行动有哪些？

4/ 写出孩子最明显的三个进步，并告诉孩子。

第二章
训子千遍，不如教会孩子管理时间

——帮孩子全面掌握时间管理的路线图

李政道先生在 1957 年获得诺贝尔物理学奖后，人们纷纷请教他成功之道，他这样回答：“普通人每天有 24 个小时，而我每天有 25 个小时。”李政道先生真的比其他人“多”出个 1 小时吗？当然不是。而是因为他是一个非常擅长管理时间的人。

国外很多家庭在孩子四五岁时就开始有意识地让孩子规划自己的“24 小时”，通过这个过程，让孩子从小学习并擅长时间管理。你知道时间管理的四部曲吗？你知道不同性格孩子的时间管理的方法也是不同的吗？你知道时间管理中哪些好用的方法和工具吗？你知道在时间管理的实践中，要掌握哪些规律吗？

了解孩子：不同性格的孩子管理时间的方法也不同

当我们准备好和孩子一起学习时间管理，家长要有意识地提醒孩子才是自己时间的主人。在整个学习中，家长是教练，是孩子的带领者、陪伴者和激励者，那么孩子呢？孩子才是真正的运动员。

想象此刻教练正在训练运动员 110 米跨栏，教练在做什么呢？他所做的是示范、指导、激励。作为教练首先通过各种方式让自己变得专业，才有可能更好地去引领运动员，同时他有没有可能替运动员去跑呢？是的，这种情况是不会发生的。在时间管理上也是这样，家长在掌握时间管理的基础上，我们更多的是指导和激励孩子去成为那个跑起来的运动员。

当孩子做得好的时候，给予肯定；当孩子做得不好的时候，我们继续示范，同时激励孩子，让孩子满怀信心去坚持。在训练过程中，不同性格的孩子，在时间管理上的方法也是各不相同的。

橙橙是一位三年级的小女生。

从一年级开始，妈妈每天都会事无巨细地帮助橙橙安排好放学后的所有时间，橙橙只需要按照计划表一项又一项地完成。

橙橙每天被动地接受妈妈的安排，她说不出哪里不对，却总感觉非常窒息和压抑。到后来，橙橙就开始软抵抗，她经常对着密密麻麻的计划表发呆。

妈妈看到橙橙的状态后，她感到非常烦躁，觉得孩子才三年级就开始不听话，等长大进入初中、高中可怎么沟通？

当橙橙和妈妈学习到四种常见性格时，发现橙橙是老虎型的性格，而自己是典型的猫头鹰型。她的事无巨细使得橙橙没有任何自主的空间，这让她感受到压抑，这也正是她抵触妈妈各种安排的根源。

橙橙妈妈以前对橙橙说话或者列计划都是直接给答案。比如马上要出门了，她会说："我准备好了，你赶紧收拾，十分钟后我们出门。"

每当橙橙听到这样的表达，她就会觉得我的人生总是被别人安排，顿时心里就非常堵。心里有抵触的情绪，动作上也就慢了下来，事实上，有很多时候她自己都说不清楚自己为什么不高兴。但是，听到妈妈用这样的方式和自己说话，她的心情马上就会烦躁起来。

妈妈意识到这一点后，也愿意给到橙橙一些空间，就试着改变自己说话的方式："我准备好了，等你收拾好，我们就出门。你收拾大约需要多久？五分钟，七分钟，十分钟，你选一个？"

当橙橙听到妈妈这样的表达，她会感觉自己有参与感和掌控感，也因此会心情愉悦，这时她的动作自然快起来，原来的拖拖拉拉自然就解决了。

由此看出，当我们足够了解一个孩子，我们甚至还没有开始学习工具和技巧，就已经可以很好地帮助孩子解决拖拉磨蹭的问题了。那橙橙和妈妈到底在四种常见性格中学习到了什么呢？

结合 DISC 社群联合创始人李海峰老师所讲授的 DISC 理论，我们借助四种动物来帮助孩子们理解不同性格：老虎型、孔雀型、树袋熊型和猫头鹰型。那么这四种常见性格各自的特点是什么呢？在时间管理上，你给这四种性格的人各自的建议是什么呢？大家请看下表：

性格类型	代表动物	性格特点	时间管理沟通中的建议
支配型（D）	老虎	说到做到 雷厉风行 “我说了算” 性格外放，有力量 有自己的想法和主见 特别强的控制欲和支配欲	时间安排上适当给孩子自主权 自由时间的安排多采纳孩子的意见
影响型（I）	孔雀	热情开朗 思维活跃 喜欢得到欣赏 喜欢表现自己 能调动团队气氛 极其容易被感染	帮助孩子明确具体目标 同一时间只专注一件事情 多肯定和鼓励孩子做得“快”的事
支持型（S）	树袋熊	性格温和 细心谨慎 执行力强 做事有板有眼 喜欢说好的、行、可以 喜欢提前规划带来的安全感	明确具体目标 尽量避免随意改变计划 给孩子表达想法和主张的机会
谨慎型（C）	猫头鹰	严谨 完美 有批判精神 有怀疑精神 思维逻辑严密	做事情要有严密的规划 提前讲明白做某件事情的原因

需要说明的是，四种常见性格没有好坏之分。在时间管理上，每一种性格都有自己的长处和短板。同时，每个人的身上绝对不是只有某一种性格，而是四者兼备，只是以其中一种性格为主，我们可以刻意地去学习不同性格的长处。

时间管理训练营的月牙和她的妈妈上完这节课，很惊讶地发现：她们两个都是孔雀型。

她们两个会经常制订计划，制订以后一转眼就忘了。然后两个人再想起来的时候，就相互原谅彼此说没事没事。

当她们了解了自己的性格类型，知道了这种性格类型在时间管理上的劣势，便开始学习猫头鹰型人的严谨。

妈妈和月牙就这样一点点制订学习计划，并且力求计划能够执行。坚持了 3 个月之后，月牙和妈妈都变得越来越条理，越来越享受猫头鹰性格里的严谨有序。

当我们身份定位清晰，同时，越来越了解自己和孩子时，我们就可以更好地引领孩子做好时间管理。

思考与练习

1 在老虎型、孔雀型、树袋熊型、猫头鹰型四种性格中，你、你的爱人和孩子分别是什么性格呢？

你的性格：……………………

爱人的性格：……………………

孩子的性格：……………………

2 回想以往，…………型的你和…………型的孩子，有哪些拖拉磨蹭是因为性格问题所导致的？具体的表现是什么？

……………………

……………………

……………………

3 结合各自的性格特点，在今后训练孩子的时间管理过程中，你刻意做的调整是什么？把你想到的三点写在下面的横线上：

首先，……………………

其次，……………………

最后，……………………

了解时间：“四步”帮助孩子真正做好时间管理

我们经常听到家长这样和孩子对话：

家长：来，看看语文一共三项。告诉我，你多久可以完成？

孩子：40 分钟。

家长：哇，40 分钟就能完成？太好啦！如果能按照计划完成，妈妈奖励你小红花！

40 分钟之后，家长检查，发现孩子的作业一半还没有做完……

家长：刚才 40 分钟都干什么了？

孩子：我一直在写。

家长：就那么点作业，40 分钟都没有完成？

孩子：我没想到会做这么久。

家长：没想到？你整天就这样拖拖拉拉你不知道？我怎么养了你这么个拖拉的孩子！

这样的场景，你是否熟悉呢？

幼儿园期间，孩子们主要以玩为主，很少有家长真正去关注孩子的时间管理问题，但当孩子进入小学，情况马上就不一样了。

没有经过任何时间管理训练的孩子，就这样稀里糊涂地在爸爸妈妈的高声中一脸懵懂地规划时间了，就像上面提到的场景，孩子成为小学生之后，家长们就开始问，这项作业预计需要多久？

家长们做了很多努力，但是未必知道真相是什么。

那真相是什么呢？

有一次，时间管理训练营线下课上讲到晨起惯例表，我问孩子们，“大家刷牙需要多久？”

六年级的小女生臻臻快速举手，她坚定地回答：“10 分钟。”瞬间现场其他小朋友都开始七嘴八舌地说：“这不可能！怎么可能需要 10 分钟？！”

我注意到臻臻慢慢地将头埋到了胸前。那一刻，大概她已经不确定自己刷牙到底需要多久了。看到她局促不安的样子，我安慰她：“记不清没关系，今晚回家计时看看具体需要多久。”

第二天一早，臻臻兴高采烈地告诉我：“温老师，我的刷牙时间是 3 分钟。”

那一刻，看着臻臻兴奋的表情，我开始思考：如果在一个孩子对时间的感知中 3 分钟等于 10 分钟，那这个孩子做出一个两小时的计划清单表，意义又有多大呢？她按照计划完成的可能性又有多大？

当我有了这一想法，就开始观察孩子们在学习能力课上的时间训练，发现当学能老师计时一分钟让孩子们闭上眼睛去感知时间时，有的小朋友不到 40 秒就睁开了眼睛。而有的小朋友 90 秒过去了，他依然紧紧闭着自己的小眼睛。通过观察，我发现有 95% 的小学生，他们的心理时间和实际时间是不符的。

当看到越来越多的真相，我不禁陷入了深深的思考之中：在这种状态下，孩子哪怕手持再精良的时间管理工具和方法，他的时间管理水平也是一团糟，不是吗？

正是带着这样的思考，我开始了对时间的探索。功夫不负苦心人，在与上千个家庭和孩子的实战中，我逐步摸索出了管理时间的四部曲，包括：看见时间，对话时间，感知时间和规划时间。

对孩子而言，时间是看不见摸不到的一种无形的东西。时间的这个特点决定了看见时间的重要性。

在我们课上有一位四年级的小男生秋秋，他告诉我，他每天早上7：30就到学校，比上课时间整整提前40分钟。

我问他：“这40分钟的时间里，你一般都做什么呢？”

小朋友笑呵呵地告诉我：“就是玩，刚到教室的时候没有人，我就在教室里走来走去，看看窗外之类的；然后过一会儿小朋友们就陆续到了，我就和这个聊聊那个说说，很快时间就过去了，然后就上课了。”

孩子会因为丢掉自己心爱的玩具而落泪，尽管时间无价，但大多数孩子就像秋秋一样，哪怕浪费掉再多的时间，他也不会伤心落泪。如何能够让孩子注意到时间短暂并意识到时间的宝贵呢？

我们可以通过时间银行，让孩子看到时间的有限性。假设一个人可以活到100岁，他一生的小时数为：87.6万小时。

这有限的87.6万个小时里，银行管理员每天给我们每个人发放的时间是定额的，每天24小时，并且过期无效。

通过时间银行，秋秋了解到时间是有限的，并且是一去不复返的。

如果我们没有好好安排时间，这24小时就这样白白溜走了，不会累加到第二天。

当他发现这个“秘密”后，他非常后悔，以前的时间就这样浪费掉了，在接下来的时间里，他会把这40分钟都用来记英语单词。

因为每天的坚持，他的英语成绩变得越来越好，并且还带动了他学习其他学科的热情，让他在学习上变得越来越有自信。

通过时间银行，我们看见了时间并了解了时间的有限性。

为了进一步让时间显形，我们可以给时间明码标价，我们规定时间的价格是：100 元 / 分钟。

秋秋上完时间银行课，还和妈妈算了一笔账，100 元 / 分钟。这样每珍惜一分钟，就可以买一盒不错的巧克力。

从此之后，每次秋秋不小心浪费了一分钟，就会和妈妈说："天哪，我的一盒巧克力又没了。"

偶尔早上赖床时，妈妈就会和秋秋开玩笑说："来，秋秋，你先别起床，先赖会儿床。我现在开始给你计时，看看今天早上你要浪费几盒巧克力。"

每次听到这里，秋秋就会一骨碌起来，麻利地穿好衣服。

当孩子能够看见时间，接下来就可以有意识地和时间对话了。

潜意识生物钟随时跟随着我们，它是我们身体"神秘"的时钟，我们可以把生物钟视为看不见的朋友，有意识地和我们的生物钟对话。比如，你想第二天早上 6：30 起床，晚上睡觉前，你可以叫着它的名字说：亲爱的生物钟，明天我有重要的事情，记得 6：30 提醒我起床哦。或者你也可以在白天随时随地和生物钟沟通：亲爱的生物钟，我要 5 分钟后开始写字帖，5 分钟后提醒我哦。

当我们经常有意识地和生物钟对话，我们心理时间就越来越接近实际时间，为我们做好时间管理奠定了良好的基础。我们还可以为自己的生物钟起个好听的名字，比如叮当猫、小可爱、小桂宝等。找个安静的时间，和孩子一起给自己的生物钟起个好听的名字，和我们的神秘小精灵开启对话之旅吧？

了解看见时间、对话时间之后，我们还要帮助孩子提升感知时间的能力。

如何去训练孩子感知时间的能力呢？

我们可以通过和时间赛跑的游戏，把“时间”和“事件”结合起来。

比如我们可以设定5分钟，看在特定时间内，可以完成哪些事情：

可以叠几件衣服？

可以朗读多少个字？

可以看课外阅读多少页？

可以写多少个英语单词？

通过这个过程，让孩子体验到5分钟可以做哪些事。

除此之外，我们还可以让孩子去完成一件事，观察和记录完成这件事情用了多长时间，比如刷牙需要多久，洗澡需要多久，步行到学校需要多久，等等。

只有当孩子对时间的感知越来越精准时，我们规划时间才更加有意义。

就像前面我们提到的那个六年级小女生，她认为自己刷牙时间是10分钟，在这种状态下，无论她做多少计划，她的计划都是不精准的，更无法按照计划执行。

当我们有意识地通过看见时间、对话时间、对时间的感知越来越精准，我们去规划时间才更有意义，才更容易去执行和达成。

思考与练习

1 和孩子一起，给自己和爱人的生物钟起个名字，各自想出最想让生物钟提醒自己做的事情是什么呢?

你的生物钟叫：______________________，你最想让它提醒的事情是：______________________。
爱人的生物钟叫：______________________，你最想让它提醒的事情是：______________________。
孩子的生物钟叫：______________________，你最想让它提醒的事情是：___________。

② 现在，请拿出秒表来测试一下孩子的时间感知能力如何吧。
让孩子闭上眼睛，感觉 1 分钟时间到了以后就睁开眼睛，看结果和实际 1 分钟的差距有多少?
孩子实际感知到的 1 分钟时长是：______________________

③ 培养孩子的时间感知能力。
选择一件事情，持续让孩子去观察并记录实际用时，比如吃饭需要多久，刷牙需要多久，从家到学校需要多久，等等。

追踪事项	计划用时（分）	第　周　实际用时（分）						
		周一	周二	周三	周四	周五	周六	周日

3 掌握工具：好用的时间管理工具让孩子变得更高效

帮助孩子做好时间管理，工具是否很重要呢？

答案是肯定的。在时间管理中，家长经常会通过列清单并监督实施的方式帮助孩子进行时间管理，在这个基础上，结合一些简单实用的时间管理工具，比如像时间管理四象限、番茄工作法、吃掉那只青蛙等方法，对提升孩子的学习和生活效率会有更大的帮助，我会在第三至第七章的每一章中介绍一个时间管理的工具。

同时，我也在问自己，孩子有了这些工具就可以很好地做好时间管理了吗？市面上有非常多的时间管理的书籍，系统介绍时间管理的工具。就算工具再好，如果使用者的状态不好，或者使用者不想用，再好的工具又有什么用处呢？比如一个孩子人生都没有方向，那么，他的时间要在何处安放？

尤其在现实生活中，我辅导过太多的孩子在学习上磨蹭拖拉，并不完全是缺少时间管理工具的问题，而是他们的状态陷入了一种困境中：

一个三年级的小女生上课总是走神，写作业时心不在焉，经常和妈妈说上学没意思。在我们的生命动力特训营一个练习的环节，这个小女生哭得伤心欲绝，原来这位文弱的小女生被学校 4 个六年级的大哥哥殴打过。

她说当时自己并不是故意的，只是路过他们几个的时候说了一句“怎么站在这个地方”。但是 4 个男孩抓住她，就开始抓她的头发。

当时那个场地上没有其他同学，也没有老师。她想大声喊，他们几个就威胁她如果喊或者告诉大人，改天见一次打一次。

回到家的她，担心下一次被打，就忍着没敢告诉爸爸和妈妈，但是从那以后，每次去学校她都非常害怕，再后来上课走神，晚上写作业磨蹭。

好多次，因为写作业磨蹭，妈妈骂她的时候，她张张嘴又摇摇头，把泪水都咽进了肚里……

一个六年级的男生，从一年级开始，每次考试，妈妈都要求他必须考 3 个 100 分，考不好就揍他。后来，就连揍也考不到 100 分时，妈妈就破口大骂："你这个废物，你这个没用的东西，你还能干什么？"

后来，孩子学习上越来越磨蹭，经常作业写到 11 点都没有写完。妈妈和我说，她最了解自己的孩子了，他的一个眼神她就知道孩子怎么想的。

可孩子哭着说："温老师，我就一个要求，别让我妈说我是废物了，每次我都觉得自己什么都不是，感觉自己很没用。"我在想她骂孩子的时候是不是忘了看看孩子的眼神，不是说孩子一个眼神她就知道孩子是怎么想的吗？他妈妈一定不知道她嘴里的这个废物，每天坐在教室里是多么度日如年。

类似这样的故事，还有很多，我看到太多的孩子在父母的指责中，慢慢失去了学习的动力，陷入了对未来的迷茫和恐惧中。他们不知道自己要什么，更不知道自己的人生之舟未来要驶向何方。当我接触到越来越多这种状态的孩子，便一遍又一遍地问自己，这一套时间管理的工具真的足够吗？

如果一套科学的时间管理工具还不足以支撑这些被困住的孩子们，那他们需要的又是什么呢？我陷入深深的思考中。

如果一个人理解六层次的“上三层”出了问题，觉得学习没有用，觉得自己不够好，不知道自己要的是什么，这时给他再多的时间管理工具，又有什么意义呢？

这让我想起北大博士徐凯文不止一次在他的讲座中提到了大学生“空心病”这个概念，什么是“空心病”呢？这部分孩子内心的声音是“我不知道我是谁，我不知道我到哪儿去，我的自我在哪里，我觉得我从来没有来过这个世界，我过去的人生好像都是在为别人而活，我根本就不知道自己要成为什么样的人”。因此，除了讲到时间管理的工具，在第三章到第七章的讲述中，我也加入了对看不见的“上三层”分析和解读。

愿读完此书的家长，除了会使用时间管理的工具，更能成为一个可以信任孩子的人，可以激发孩子梦想、点燃孩子激情的人。更愿我们的孩子能够早一天听到自己内心真实的声音，早一天找到自己的人生梦想，然后带着父母满满的爱和期盼，带着自己的梦想和希望，华丽地开启属于自己的人生之路。

思考与练习

1 在以往，你给孩子介绍过哪些简单实用的时间管理工具呢？

……………………………………………………

……………………………………………………

……………………………………………………

2 番茄工作法、吃掉那只青蛙、时间管理四象限法则等方法，都是非常好用的时间管理工具。请在孩子使用过的工具后面，标上“☆”号。

番茄工作法 (　　)

吃掉那只青蛙 (　　)

时间管理四象限 (　　)

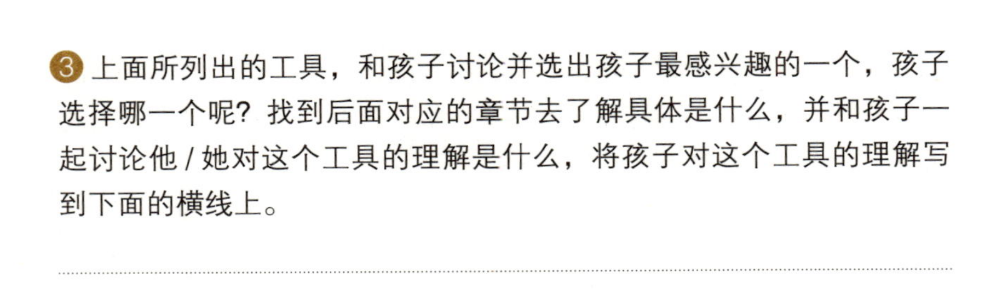
③ 上面所列出的工具，和孩子讨论并选出孩子最感兴趣的一个，孩子选择哪一个呢？找到后面对应的章节去了解具体是什么，并和孩子一起讨论他 / 她对这个工具的理解是什么，将孩子对这个工具的理解写到下面的横线上。

4 学会方法：21 天掌握管理时间的高效方法

有了时间管理工具，方法也很重要，难道不是吗？

这让我想起一位家长课学员，每天她催促儿子顺顺写作业的时候，心情非常纠结，不催不写，一催，自己就着急上火。

在家长课上，我们讲到了游戏力。于是，妈妈回到家，就和三年级的顺顺约定：每次写作业时间一到，她会用唱的方式唱出“homework（作业）”来提醒孩子写作业。并且，每天所用的曲调都不能重复。

儿子觉得很新奇，从那天起，每天妈妈拉着长音唱出“homework”，孩子就在哈哈大笑中开始写作业。一段时间之后，他甚至每天都非常期待写作业，期待妈妈唱出“homework”这个单词时夸张的声调。

这个故事在课上被另外一位妈妈听到了，她认为这个主意不错，决定回家试试。

她和同样经常需要被催促很多遍才开始写作业的三年级学生小可约定，每天写作业前，她会唱“homework”来提醒她开始写作业，但小可觉得这样的把戏好无聊，她奉劝妈妈最好不要用。

第二天，当妈妈气运丹田，声情并茂地唱出“homework”，小可一边背着书包，一边儿翻着白眼，非常嫌弃地说：“好了，好了，妈妈，我真受不了，别拿这些把戏哄孩子了，我已经长大了。”

是的，没有哪一种方法适用于普天之下所有的孩子，时间管理的方法也是如此。

本书中讲到的每一个方法背后都有一个人物的原型，这些方法是被这些孩子证明了有效的方法，但未必适用于你的孩子。但是我也相信，就像他们会找到适合自己的方法那样，每个家庭都会“发明”很多适合自己的方法。

另外，很重要的一点，我们认为科学的时间管理方法，孩子并不一定完全认同，甚至有时孩子还会认为，家长要用这些方法来更好地管束自己。这就好比很多家长给孩子买了番茄钟，但并不是所有孩子都喜欢番茄钟，也并不是所有孩子都用番茄钟。这是为什么呢？

一方面，家长在让孩子使用这些时间管理工具的过程中，只要求孩子使用，自己却不去用。你自己都没有去用的东西，如何让孩子感觉这个东西真的很靠谱呢？

另一方面，我们没有给孩子讲明白番茄钟背后的原理是什么。孩子不知道为什么，他就不愿意去坚持，只有孩子知其然，并知其所以然，他才有可能发自内心想要去尝试。比如番茄钟，在介绍番茄工作法的过程中，我会讲到这个方法背后的心理学基础和使用后给我们的好处是什么。让孩子们看到，这种科学的时间管理方法可以很好地帮助我们提升学习效率，从而让我们有更多的时间去做自己想做的事情。这个时候孩子使用这种方法的内在动力才会真正被调动起来。

在学习时间管理的过程中，作为家长，我们能做的便是将科学有效的方法呈现给孩子，至于孩子用还是不用，什么时候真正开始用，真的不是我们作为父母吹胡子瞪眼睛，孩子就能按照我们的命令去做的。如果孩子因为害怕、恐惧和压力才去使用这些工具，那还不如不用。

给孩子提供选择，同时又允许孩子不选择，这个过程需要有静待花开的耐心，更需要一些智慧的引导。

这让我想起洋洋使用吃青蛙这个时间管理工具的过程。

一年级时，我向他介绍了时间管理中吃青蛙（列出计划后，先从最有挑战的做起）这个工具。但他告诉我："妈妈，吃青蛙这个工具或许很好，但我更喜欢从简单的作业做。轻轻松松就可以快速完成三四项，这让我感到很有成就感。"

在三年的时间里，每天执行计划，他都会选择先易后难。

随着孩子长大，他有时候会问我："妈妈，从你的个人成就感上讲，你是不是特别希望我使用吃青蛙这个工具？"每次我都会告诉他："你不需要做任何事情，让妈妈感觉你很棒。你只需要按照自己的想法去做计划，因为这是你的计划，消耗的是你的时间。选择从哪一个事情开始，由你自己来决定。"

转折发生在洋洋四年级的一天。

那一天，他学到一句话"困难像弹簧，你弱它就强"。于是他问："妈妈，如果我们认为一件事情很难，并把它放到最后。这在无形中就让困难变得更强大，而自己就变得更渺小了，是不是？"我告诉他，这似乎有些道理。

他说："如果这是真的，不如就用吃青蛙这个工具先去打败这个想象出来的困难。"我肯定了他，并建议他可以去试试。

我记得那天，平时用两个小时完成的作业，洋洋只用了 80 分钟就完成了。

他开心地总结道："妈妈，原来吃青蛙锻炼的是我们迎难而上、毫不退缩的精神，而不单纯是一个时间管理的工具。"

那一刻，我知道，他开始思考，开始去考虑吃青蛙真正可以带给他的好处是什么。

未来的日子里，或许洋洋会先易后难地去安排自己的事情，又或许会先难后易去安排自己的事情，又或许他会折中从不难不易的开始。

这都没有关系，因为人生本来就有很多种可能，而不是一成不变的。我们要做的就是将更多的选择放到孩子面前，而孩子面对这些选择，他可以是灵活的，可以根据每时每刻场景的不同和心境的不同，选择任何一种他认为最适合他的方法。任何时候都无问西东，听从我心。是的，能够听到心里的声音，并且可以和这些声音去对话，按照自己的想法去做事。

没有哪一个父母从孩子一出生就无师自通地明白如何教育孩子才是最好的，在时间管理上也是一样的。我们给孩子提供了一些方法，还有更多的可能性。但更重要的是，我们要有一颗淡定智慧的心。当孩子拒绝我们，不愿意按照我们所说的方法去做时，我们可以沉下心来安静地等待那个转折的时刻。是的，我们需要一份静待花开的智慧，但静待花开不是不作为，而是更有智慧的作为。

在第三至第七章，我会每章讲到 5 个时间管理的方法，共 25 个方法。大家再结合第八章和第九章的实战部分的案例，进一步巩固上面的方法，举一反三。

当我们允许孩子按照自己的节奏一步步、一点点去理解这些方法背后的原理，陪伴孩子在经历中体会这些方法的好处，当我们通过这样的方式给孩子传递科学的方法时，孩子耳濡目染，“做到”只是时间早晚的问题。

思考与练习

1 在时间管理上，你曾经给孩子讲过的方法有哪些?

....

....

....

2 没有哪一种方法适用于普天之下所有的孩子，时间管理中的方法也是这样。文中的妈妈用唱歌的方式唱出“homework”来提醒孩子写作业。和孩子约定一下，孩子喜欢用哪个“暗号”让妈妈提醒她写作业或者练琴等，把和孩子约定好的暗号，写到下面的横线上。

3 一旦孩子不愿意使用我们推荐的工具或者方法，自己觉得心情烦躁时，可以这样想“我允许孩子可以有自己的选择”“孩子，你是有选择的”“一个人不能控制另一个人”……通过类似的语言让自己多一些对孩子的理解和耐心。在下面横线上写下一句话，作为自己烦躁时的“咒语”。

5 不断实践：让时间管理成为孩子一生的习惯

在第八、九章，是关于生活和学习的六大场景的落地实战部分。

这个部分，是时间管理工具和方法的落地，同时你会发现，落地部分没有局限在工具和方法上，而是加入了很多沟通的心法和技法。这种安排并非故意为之，而是现实案例中，确实借助了这些心法和技法，才真正解决了孩子的时间管理问题。

尽管这些案例源于生活，我依然想告诉大家，这些真理永远也只是当事人的真理，而不是你的真理。

正所谓“尽信书不如无书”，我依然希望大家可以用批判的思维来看待实战部分。在这个部分，我没有纠结于心理学的哪个流派，也没有强烈推崇哪一种育儿理论，比如：有的人喜欢“爱与自由”；有的人推崇“狼爸虎妈”；有的人学习了西方的教育理念，觉得传统的中式教育给了孩子一些不利的影响；同时传统理念扎根很深的人，他认为严师出高徒，棍棒底下出孝子。

没有哪一种理论是绝对正确的，也没有哪一种理论适用于全天下所有的孩子。

在陪伴孩子的过程中，家长一定要保持心平气和。当家长执着于某一种教养方式，对孩子来讲，不一定是有利的，还有可能会害了孩子。在孩子的教育问题上，我从来不赞成大家迷信某一个学派或某一个专家，集众家之长，在实践中找到适合自己孩子的路便是最好的。再好的方法，不适合孩子，也是无效的方法；而很多人说不好的方法，我们用起来可能会很有成效。没有好坏，只看有没有效果。

另外非常重要的一点是，我们每个人的认知都是极其有限的。所有我们想出来的方法或者技巧，都是基于自己以往的经验。每个人都活在自己创造的主观世界里，没有绝对真实的世界。

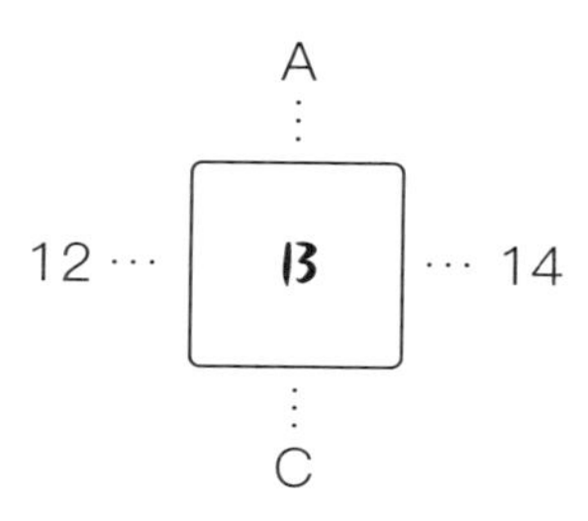

比如，我们来看一看上图中间框中的内容，对于认识英文字母的人来说，他会说这是B；对于不认识英文的人来说，他可能会坚持，这是13。

但到底哪个才是真实的世界呢？

我们的认知会帮助我们，但它也会禁锢我们。

在一次家长课上，我讲到“任何人在任何时候都有拒绝沟通的权利”。

一位爸爸听到这句话，十分惊讶。他问：“孩子考试成绩不好，老师当面批评家长。回到家要和孩子沟通，他如果不想沟通，难道就不沟通了吗？”

也就是说，在那个当下，这句话是超出这位爸爸的认知的。

我建议他可以先假设这句话是对的，并试着去感受如果孩子不想沟通，而爸爸坚持沟通，会发生什么呢？沟通的效果会好吗？当我们用倒推法去思考，并且看到不适合沟通的时候非要沟通，结果可能会很糟糕，我们就更容易接受“任何人在任何时候都有拒绝沟通的权利”。

在学习的过程中，我们要保持对认知的警惕性。当发生和我们的认知不匹配的信息时，我们不妨带着好奇去探索，“哇，原来还可以这样！”“呀，真有意思！”“别人用了有效，不如我也试试？”当带着开放的心态去面对我们看到的一些方法，或者在尝试使用的过程中，你会有意想不到的收获。

最后要说的是，在读完第八章、第九章的实战部分时，你有可能会发现别人用得很好很有成效，但你自己却总是用不好。这时我建议我们的家长一定要带着平常心去看待“知道”但“做不到”之间的冲突和纠结。

从“知道”到“做到”之间隔了一个太平洋的距离。工具类图书和文学类图书不同，文学类图书，读完你就可以说我看完了，而工具类的书，看完只是一个开始，更重要的是践行。

如何在生活中去践行？并在践行中不断反刍？

这个过程是一个极其漫长的过程，需要付出时间和精力每日坚持的事情。就好比刷牙一样，只有我们天天都坚持，才能保持牙齿亮白、口气清新。如果我们一时冲动一天刷牙无数次，但之后几个月都不再刷牙，那可想而知，我们的牙齿会变成什么样？

时间管理习惯的养成和做到，就如同刷牙，是一个细水长流的系统工程。

慢即是快，离“做到”最近的路就是“日拱一卒”，坚持每天进步一点点，这是无数家长的亲身体验总结出来的经验。是的，“知道”可以顿悟，但“做到”需要在日常生活中不断地修行。

愿我们所有的家长都能够借由时间管理这扇窗，看到孩子精彩人生更多的可能性，并持续行走在自我修行的道路上。同时，我也相信家长通过不断修行给孩子播下的这粒时间管理的“种子”会成为孩子受益终身的好习惯。

思考与练习

1 “爱与自由”型和“狼爸虎妈”型，以往的你在孩子的时间管理上更偏向于哪一种呢？请在下面的括号中标上“☆”号。

A. “爱与自由”型 (　　)

B. “狼爸虎妈”型 (　　)

C. 以上都不是，其他类型，请写出：……

2 时间管理的执行，一定需要配合相应的家庭教养理念：

在孩子成长的过程中，对你影响最大的三位家庭教育专家都是谁？请列举他们的名字：……

你觉得他们在孩子的养育问题上，共同的主张是什么？请陈述：……

……

3 时间管理习惯的养成和做到，就如同刷牙，是一个细水长流的系统工程。当你准备好了开始这个系统工程，请在下面的横线上写出自己的声明：陪孩子一起做好时间管理，我已经做好准备了。

……

……

……

本章小结

1/ 通过本章的学习，你对于孩子的性格，对于时间本身，对于时间管理的工具、方法和实践都有了一定的了解。这些内容中，对你影响最大的一个点是什么？请将你的想法写在下面的横线上。

....

....

....

2/ 从时间管理的四步入手：看见时间、对话时间、感知时间和规划时间，通过你和爱人的努力，孩子从这四步中得到了怎样的收获？

....

....

....

3/ 到现在为止，全家人中，时间管理上变化最大的人是谁？他做了什么，让你感觉他的变化是最大的？请列举两点事实来说明。

....

....

....

4/ 写出孩子进步最明显的三个地方，并告诉孩子。

....

....

....

第三章 计划力培养篇

——教会孩子做事有计划，有条不紊又高效

“新东方”创始人之一徐小平曾经说过一句颇有哲理的话：“人生没有设计，你离挨饿只有三天。”

没错，好的人生一定是设计出来的。

1944 年，美国洛杉矶郊区的一个没有见过世面的 15 岁少年约翰·戈达德在《一生的志愿》表格上认真地填写了 127 个目标。

这些目标包括：到尼罗河、亚马孙河和刚果河探险；登上珠穆朗玛峰、乞力马扎罗山和麦特荷思山；骑大象、骆驼、鸵鸟和野马；探访马可·波罗、亚历山大一世走过的道路；驾驶飞行器起飞降落；读完莎士比亚、柏拉图和亚里士多德的著作；写一本书……

将近 60 岁的时候，他已经实现了 127 个目标中的 106 个，这让无数人惊叹不已。

如同约翰·戈达德那样，大到我们的整个人生计划，小到我们生活每一天的计划，我们都需要花时间去好好规划。只有这样，我们才能真正成为自己人生的主人，成为时间的主人，更好地掌控自己的生活和人生。通过本章的学习，会教会孩子做事有计划，有条不紊又高效。

拆掉思维里的墙
——爱上计划，是做出好计划的第一步

很多孩子小的时候，每天的计划由爸爸妈妈帮着做，随着年龄的增长，需要自己做计划时，却不会做或者不喜欢做，背后的原因是什么呢？这和孩子在成长过程中被植入了和计划有关的病毒性信念有关。而这些病毒性信念的形成，与家长和孩子沟通的方式有很大关系。

大夏是一位四年级的小女生，连着几天，她总是抱怨自己没有一点儿自主权，想要自己安排放学到睡觉之前的时间。妈妈想："既然你那么想要自己安排，那我就让你折腾折腾。看我不管你，你能做成什么样！"

果不其然，大夏因为缺少经验，计划安排不当，连着一周都是 11 点睡觉。

一周过后，妈妈再也无法忍受，终于大发雷霆，好一通吆喝："不让你自己安排非要自己安排，你看看你自己安排的是什么？！和你说你不行，你还不信，你继续折腾啊？！"

感受到大夏妈妈声音里的滔天怒火，就连楼下路过的邻居听着都心惊胆战。

打那以后，大夏再也不敢要求自己做计划了，经常和同学说："我不会做计划，按妈妈的计划来比较保险"。

"毁掉一个人最好的方式，就是让她感觉她不行"，问题是没有机会去尝试，她怎么可能一下子就做好呢？比做不做计划本身更重要的是，大夏妈妈在这个过程里中，给孩子植入了“你不行，你不会做计划”的病毒性信念，让大夏陷入“我不行”的魔咒中。

后来在和大夏妈妈的沟通中，大夏妈妈确实也意识到自己为了节约时间，并没有打算真正让孩子自己去做计划，她感觉时间太不够用了。

我问她：“如果现在不合适让孩子学着自己做计划，那什么时间是合适的呢？是高中？是大学？还是走向社会后？”很显然，大夏妈妈并没有思考过这个问题。她顿时陷入了沉思。

我又问她：“做计划这样的事，孩子是不是长大了自然就学会了？”大夏妈妈若有所思，然后她说，一定不是的，她经常会接触到一些成年人因为没有做好计划，而把工作生活搞得一团糟。

是的，做计划和任何技能一样，都需要刻意地去练习，都要经历从不好到好的过程。当我们有意识地给孩子独立做计划的机会时，孩子才能在做的过程中逐渐掌握，同时才会建立起“我能行，我可以”这样强有力的信念。这种相信自己的心态和对做计划的愉悦感，比完成一个完美的计划更重要。

还有一些家长在面对孩子对既定计划说“不”的时候，也可能会产生动摇。事实上，孩子对自己选择的计划，不愿意去坚持，不是简单的该选择结束是选择继续的问题，恰恰是给孩子植入关于计划的强有力信念的时刻。

凯凯是一个二年级的小男生，他看到班里很多男同学在学跆拳道，觉得很酷，于是和妈妈请求让他也去学，妈妈觉得男孩子通过跆拳道锻炼一下身体也不错，便答应了凯凯的请求。

五六个月后，随着跆拳道老师要求越来越严格，和动作难度的加大，凯凯开始抱怨跆拳道各种枯燥。刚开始，妈妈一直强调这是你自己选的就要坚持下去，后来，凯凯抵制学习跆拳道的情绪越来越大，每周三下午的跆拳道课，成为一周中凯凯最痛苦的时刻，也是妈妈最愤怒的时刻。去上课的场景经常是：妈妈气鼓鼓地走在前面，孩子慢吞吞地拖着腿跟在后面。

这种状态持续了几周之后，妈妈觉得孩子既然那么痛苦，不学就不学了吧，何必和开心过不去？不上的话，孩子高兴，自己还不生气。于是，一场在凯凯自己要求中开始的跆拳道，在凯凯的抱怨和妈妈的无奈中结束了。

很多时候，孩子在选择特长班时，没有预见到会有挑战。一旦面对挑战时，便有不良情绪了。一旦家长在孩子有情绪的时候说“好，不想上就不上”，这给到孩子植入的信念是计划可以随时终止。做了一个计划，执行中孩子有情绪了，比上还是不上更重要的是妈妈能够静下心来问自己当初安排这个计划的目的是什么？孩子不喜欢上的原因是什么？

凯凯妈妈告诉我：“报跆拳道课是为了锻炼身体。”

我问：“为了锻炼身体，除了练跆拳道，有没有其他更好的方式呢？”

凯凯妈妈若有所思：“可以打羽毛球、踢足球、晨跑、游泳等。”这时，凯凯妈妈突然意识到，跆拳道本身只是一个形式，而通过这一形式要达成的目标才是重点，看目标而不要拘泥于形式。

如果孩子不喜欢跆拳道，那么，孩子愿意选择的健身计划是什么？

如果和孩子讨论后，发现跆拳道依然还是最好的方式，那么，作为孩子的帮助者，和他一起找到不愿意去上跆拳道的原因就变成了关键。孩子是不喜欢这个机构，还是不喜欢这个老师？同样是学跆拳道，跟着这个老师可能没兴趣，换另外一个老师说不定就会让孩子深深地迷恋上。

没错，“没有失败，只有反馈”，面对看上去并不美好的计划失败，只要我们足够耐心，依然可以让孩子对计划产生好感，让孩子感受到计划是帮助我们的，计划是为目标服务的；为了完成一个目标，可以有不同的计划。重要的是，我们的人生是可以灵活而丰富的；计划一旦制订，没有特殊原因是不可以随意终止的，除非有了更好的替代方案。

还有一些孩子不喜欢做计划，是因为不能100%按照计划完成，也因此经常受到家长的指责和批评。

虫虫是一位四年级的小男生，每天妈妈都会帮他做严密的每日计划，但让虫虫非常恼怒和挫败的是，他每次都不能100%完成计划。

从一年级到四年级，虫虫几乎每天都会因为计划完不成而受到妈妈的责备。他也因此对做计划非常反感。一提到做计划，虫虫就感到烦躁和紧张，他担心自己没有完成计划而受到妈妈的责备和惩罚。

事实上，即便再优秀的人士，也很难按照计划100%去执行，能完成计划的70%以上，已经算是非常不错了。尤其小孩子在刚刚学习制订计划的前期，无法100%完成计划更是非常正常的事情。当孩子每天去做计划，从不熟练到熟练，哪怕只是完成了计划的70%，比起普通人已经很了不起。

还有一些小学生不喜欢计划的一个原因是：一旦比原计划提前完成，妈妈觉得剩下的时间不能浪费，再安排两张试卷。在时间管理训练营，经常有孩子这样吐槽爸爸妈妈是这种类型，所以，孩子就学聪明了：做得快，还会加作业，那我就慢慢做。这种方式看上去给孩子多做了几张试卷，却大大破坏了孩子高效完成计划之后的成就感。让孩子因此而不喜欢做计划，可以说是因小失大。

在孩子做计划之前，破除那些限制孩子的病毒性信念，让孩子爱上做计划，是做出好计划的第一步。

思考与练习

1 你自己有没有以下想法或者做法，比如“小孩子懂什么计划，你不行，你不会做计划”“计划一旦制订，必须 100% 执行”“作业一旦比原计划提前完成，再增加一些额外作业”，这些都会破坏孩子对计划的感受。写下 1~2 条你曾经说过的类似的话：

2 寻找孩子潜意识中对计划的看法：找一个你和孩子都比较放松的时间，一起讨论以下问题，并把孩子第一直觉说出的话写在下面的横线上：

我喜欢做计划是因为：

A.

B.

我不喜欢做计划是因为：

3 通过以上孩子的回答，你发现孩子对计划是好感多一些，还是不好的感受多一些？接下来你可以从哪两个角度去行动，帮助孩子更好地爱上计划？请把你想到的写在下面的横线上：

孩子做出好计划，从学会平衡开始

从前，有个农村小伙子，他每天的愿望就是从鹅笼里捡一只鹅蛋当早饭。

有一天，他竟然在鹅笼里发现了一只金蛋。一开始，他不敢相信自己的眼睛，他想，也许是有人在捉弄他。为谨慎起见，他把金蛋拿去让金匠辨别，金匠拍着胸脯向他保证：这只蛋的的确确是金子铸成的。

于是，农村小伙子就卖了这只金蛋，并且举行了一个盛大的庆祝会。

第二天清晨，他起了一个大早，赶到鹅笼里一看，那里果真又躺着一只金蛋。这样的情况持续了好几天。

农家小伙子是个贪婪的人，他开始抱怨鹅，因为鹅没法向他解释是怎么下出这个蛋的，否则，他也许自己就可以制造金蛋了。他甚至还气呼呼地想，这只懒惰的鹅至少应该每天下两只金蛋，现在的速度实在是太慢了。他越想越气，最终，他怒不可遏地把鹅揪出笼子，一刀劈成了两半。从此以后，他再也得不到金蛋了。

史蒂芬·科维在《高效能人士的七个习惯》一书中写道：许多人用金蛋模式看到效能，即产出越多，效能越高，而真正的效能其实有两个要素：一是产出，即金蛋；二是产能，即会下金蛋的鹅，效能在于产出和产能之间的平衡。

鹅和金蛋的理论同样也适用于今天的孩子，在家长追求各种特长班、各种竞赛结果时，家长有没有关注到这个“人”本身。

小瑜是一个五年级的小女生，白皙的脸上总是带着睡眼惺忪的困意。在时间管理训练营的吐槽大会环节，我听她淡淡地说：“我最憎恨的人就是设计出各类特长班的人。”

后来，我了解到她除了语数英等学科补习之外，还有啦啦操、围棋、钢琴、画画、小主持和书法等课程。而她每天晚上做完所有的校内校外作业都要十点左右，别说是玩，就连睡觉时间都不够。

我们常说以终为始，站在生命的终点看今天的孩子，我们到底希望孩子是怎样的状态呢？想到未来的孩子，有六样东西可以选择：财富、长寿、权力、快乐、健康、亲情。在这六样中，一一划掉你认为不重要的四个，那最后剩下的两个是什么呢？

每次在线下家长课上，绝大多数家长最终留下的是健康和快乐，我想这是一个父亲或者母亲对孩子最简单、最原始的祝福，是最接近于本心的期望。我们看到了自己内心真正想要的，而我们的所做是否在带领孩子去到这样一个方向呢？孩子的教育没有回头路，我们是否在对的方向上呢？

家长课上，一位钢琴十级的妈妈流着泪说，从小被自己妈妈逼着练琴，连吃饭都经常在路上度过的她，考完钢琴十级后，便再也没有摸过琴。现在为人妻为人母的她，有几次在先生和女儿的邀请下坐到了钢琴前。但每次坐在琴边，她便无法控制自己的眼泪，脑海中总是浮现出小时候妈妈愤怒的脸和自己低着头流泪的镜头，这是她内心永远的痛。

时间管理训练营中，学画 4 年的五年级男孩，低着头捂着自己画的电脑桌不让任何人看到。

看我靠近他，他难为情地说：“温老师，我不会画画。”我问他：“你画了 4 年画，却说自己不会画画，你是想到了什么呢？”

他想了想说：“我妈妈说我画的画太难看，还不如幼儿园的小孩，才让我去画画。看了我的绘画，老师也说了我画画基础很差，画了那么久，一点儿长进都没有。”

我想不管是成年后的妈妈还是五年级的男孩，他们的家长在给孩子选择特长班的时候一定是希望孩子能够学好，能够在这件事情上有信心。可事实上呢？我们竭尽全力给孩子的却是重重的挫败感和深深的不自信，这有没有背离我们想让孩子发展的方向呢？

结合鹅和金蛋的故事，作为父母的我们除了关注孩子的各类成绩各种特长，有没有去关注到孩子本身呢？孩子现在的状态还好吗？目前的计划执行中，孩子的状态是愉悦还是挫败呢？

当我们发现孩子对现在的计划游刃有余，同时孩子的情绪非常良好，鹅与金蛋的平衡非常到位时，我们接下来还可以和孩子一起去梳理各项计划本身是否平衡。

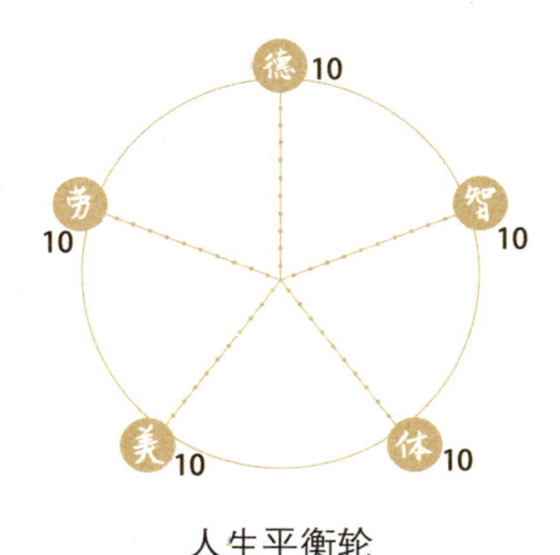

人生平衡轮

我们可以通过平衡轮从德智体美劳五个维度去思考。当德智体美劳全面发展，平衡轮才可以正常地转动起来。一旦哪个没有做好，平衡轮失衡，在以后的人生中就会走一些弯路。在平衡轮中每一项的分数都是 0~10 分，10 分为满分，每个小朋友根据当下时间的安排给自己的每项打分。

六年级的权权，在时间管理训练营中做出了自己的平衡轮，他在“体”和“劳”的部分打了 0 分。

当他做完自己的平衡轮，有两个重大发现：

第一，他发现妈妈给他安排的国学、画画、声乐、书法、英语在帮助他提升了自己的德智美的部分，而以前他总是不喜欢上画画和声乐，经常抱怨妈妈给他安排那么多课程，现在他明白了虽然这部分现在用不上，却是美的熏陶，是一个人平衡发展所需要的。

第二，他意识到他每周除了学校的体育课，再没有其他任何的运动安排，而他每周所有的劳动就是在学校做一次值日生。在和爸爸妈妈沟通后，权权制订了每天早上晨练一小时的计划，并且列出了家务清单计划，在做家务上每天进步一点点。

小学时期的孩子，还没有全局观，作为家长的我们需要随时在现实的生活中跳脱出来，不断和自己去对话，看到孩子当下的状态，帮助孩子去平衡。

当我们经过了深思熟虑，我们和孩子列出的计划才更全面更平衡，执行起来才更踏实更坚定。

思考与练习

1 我们的时间投入在哪里，哪里就会有产出。当一个孩子没有平衡发展时，他的平衡轮是不平衡的，走起路来就会磕磕绊绊，很难高效运转。从德智体美劳五个维度为孩子目前的各项安排打分，并把分数点连接起来，看看自己的轮子是否是平衡的呢？（0~10 分，10 分是满分）

② 孩子得分最高的那项是什么？

分数最高的项：……………………

孩子在得分最高的这项上做了哪些行动？请列出自己做过的三项行动：

……………………………………………………

……………………………………………………

……………………………………………………

③ 孩子的平衡轮中得分最低的一项是什么？接下来，孩子可以采取的三项行动是什么？

……………………………………………………

……………………………………………………

……………………………………………………

 孩子做计划，家庭公约很重要

有很多孩子制订了学习或者生活计划之后，依然会磨蹭和拖拉，其中，有一个很重要的原因是家长没有说明白这件事情必须做。有很多时候，家长以为孩子应该知道，事实上，即便我们和孩子正式沟通了这件事情，都不见得孩子的理解和我们一样，更何况，我们只是“以为”孩子知道。

因此，家长和孩子一起商定出家庭中的必须做和商量做，对于帮助孩子切实执行计划有非常重要的意义。

我们训练营中一位一年级的小学员茹茹，她的妈妈是一位淘宝店主，从选品到入库到上传照片到销售，都是她自己来完成，一天到晚特别忙碌。

每天茹茹开始写作业的时候，妈妈就会告诉她先写作业再干别的事情，可是妈妈发现，每次一两个小时之后她去看孩子的作业，茹茹要么做了些小手工，要么画了一幅画，作业永远都是拖到最后一刻才开始。

这种状态持续了大半年，妈妈一直以为等孩子长大就好了，后来她发现不但没有变好，还越来越拖拉了。妈妈非常崩溃，冲着孩子大声吆喝：“你都那么大了，你是听不懂我说话吗？”

每次茹茹看到妈妈暴跳如雷的样子，就委屈地眨巴着她大大的眼睛开始流泪，可是第二天还是老样子。

后来，茹茹参加时间管理训练营，当我讲到必须做和商量做，她恍然大悟，她拍拍自己的脑门说：“我终于明白，为什么妈妈在我没

有按时完成作业的时候会大声地批评我，原来学习这件事情是必须做，而其他事情是商量做，必须做要先完成才可以。”

从那以后，茹茹放学后第一件事情就是开始做作业，再也没有因为其他事情而耽误完成作业。

生意场上，我们无论做哪种生意，都要和我们的客户签订合同。在合同中明确双方的权利和义务，哪些事情必须做，哪些事情可协商，这个过程是让双方共同知情的过程，也是避免双方理解不一致后期出现纠纷的过程。

孩子的求学阶段也是如此，我们以高考作为一个分界线，孩子在这 12 年里，哪些必须做，哪些可商量，需要一开始就和孩子明确下来。这样一来，家长和孩子在认知上达成一致，孩子也清楚这件事情的底线在哪里，孩子高效去完成这件事情的概率就会大大提升。

但是在一些情况下，明明和孩子做了很好的约定，执行计划时，却依然有很多的对抗和拖拉，四年级的晨晨小朋友就是如此，那么到底发生了什么呢？

晨晨是一位四年级的小朋友，妈妈是典型的老虎型性格，而爸爸是典型的树袋熊性格。

妈妈觉得人生没有拼搏，就谈不上什么成功。她对晨晨的要求非常严厉，从一年级开始，每天除了学校作业，还会让孩子单独做 1 个小时左右的课外作业。而爸爸认为，小学时期应该多玩，尤其是小女生不需要成为学霸，养成好的性格，远比刷题刷出好成绩更重要。

爸爸和妈妈因为这个问题争吵过很多次，妈妈的老虎型性格总是占了上风，爸爸每次看到孩子做作业，就在旁边唉声叹气，那叹气中有对女儿的心疼，更有对自己做不了主的无奈和郁闷。

晨晨明明知道这个事情是必须做的，但是每次做作业的时候，她总是很不高兴。随着年龄越来越大，偶尔还和妈妈发生了语言和肢体上的冲突。

父母双方意见的不一致，是晨晨知道必须做，但依然会拖拉磨蹭的根源。

在一个家庭中，父母是孩子的定心丸。当父母意见一致，她的内心是统一时，她会感受到安全，她去做这件事的时候，会把精力集中到事情本身上。但是当父母在一些事情上冲突时，孩子表面上风平浪静，内心却非常纠结和痛苦。

她不知道该如何做，才能使两个人都满意。这个时候，写作业本身已经不再是一个作业问题，而演变成了她的立场问题。做，就是和妈妈一个阵营；不做，就是和爸爸一个阵营。做，同时又拖拉，这是孩子找到的她认为的可以和父母都有链接的方式。

在整个过程中，孩子的大量能量都消耗在如何让大人更开心上，孩子做这件事情怎么可能会开心呢，这个计划又怎么可能会高效呢？

当晨晨的爸爸和妈妈看到自己的做法给孩子造成的这种纠结和痛苦之后，他们做了很好的沟通：妈妈同意在数量上给孩子减少一部分，同时，爸爸也认同了妈妈这种点滴积累的方式。愿意一起帮助孩子建立一个好习惯。

看爸爸妈妈能够达成一致意见，晨晨的内心踏实而开心，也愿意高效完成这部分家庭作业。同时，让晨晨更加开心的是，爸爸还特意安排了家人的特殊时光，晨晨作业完成以后全家人放下手机，一起享受一天来的美好时光，谈谈心，玩玩游戏或者读读书。

这样的安排，让晨晨每天都期盼着早点做完作业和爸爸妈妈一起玩，完成计划的效率更高了。

那么，一件事情全家人意见统一，明确下来是必须做，孩子就会完全遵守，从此风平浪静，不会有任何情绪了吗？

我家洋洋三年级那会儿，在校外上学习能力的课程，每天晚上有个 30 分钟的打卡作业。

这件事情洋洋知道是必须要做的。

我记得有一天晚上，当他做完所有的校内作业时，已经接近 20：30，这时，开始做学能作业就意味着睡前和弟弟一起玩的时间泡汤了。

我看到他动作缓慢地边思考边从书房走到了客厅，满脸都写着：别理我，我烦着呢。

喝了杯水，他就那样面无表情地倚坐在沙发上。看到他的样子，我也给自己倒了一杯水，在沙发上坐了下来。他看了我一眼，声音低沉地说："妈妈，我现在不想说话。"

在孩子成长的道路上，你有没有遇到过类似的情况呢？明明是孩子应该做的事情，当孩子带着沮丧、挫败、难过和悲伤等情绪表示自己不想做、很烦躁，你该怎么去和孩子沟通呢？

看到他的状态，我说："不想说话，那就先不说。"

过了一小会儿，他开始说话，像是在对我说，又像是在自言自语："那个手部力量的画圈，圈和圈之间要等距不能交叉，我画得已经很仔细了，仍然还是出现很多交叉。实在是太烦躁了，今晚我没有时间和弟弟一起玩了。"

那一刻，我就这样陪着他，我告诉他："我看到你沮丧和烦躁，也看到你担心没有时间和弟弟一起玩了。"

过了大约四五分钟，他做了一次长长的深呼吸，告诉我："妈妈，我现在感觉好一些了。"

我看到他脸上的不高兴已经散去，取而代之的是被理解之后的那份满足。

有很多时候，我们一看到孩子烦躁了，我们自己立刻不淡定了，我们可能会说："就这么点儿事，你至于这样吗？就这点挫折你就这个样子，你以后遇到更大的挫折，怎么办？"又或者我们可能会说："你看，你玩的时候很开心，一到学习就这副模样，真是让你给愁死了。"

我们说这些话，对于孩子情绪的缓解没有任何好处。事实上，在我们没说这些话之前，孩子的烦躁指数可能是2分。在说完这些话之后，孩子的烦躁指数可能变成了6分甚至更高。

当孩子出现情绪时，我们作为家长可以给孩子一个空间，一点儿时间，让他在这个空间里，慢慢好起来。

如果说孩子是小鱼，家长便是孩子的鱼缸。当小鱼一生气，整个鱼缸就开始晃动，那一定是鱼缸太小，需要升级了。在这个点上，我们可以想着大海去感受这样一个画面：一条小鱼儿在一望无际的大海里自由自在地生活着，某一天，鱼儿烦躁了，它在水里乱游。而此时的大海，它没有说任何的话，没有批评，没有指责，更没有说你给我走开，它就这样温柔又不失坚定地抱着鱼儿，任由它各种发泄，各种任性，始终保持着摇篮的状态，温柔地摇啊摇啊，让鱼儿在她的怀抱里全然地放松。当鱼儿把心里的这些烦躁全部释放之后，它便慢慢地安静下来。

情绪是一股能量，这股能量一定有它来的原因。当我们尊重这份情绪，看见它，理解它，接纳它，它就这样流走了。

我们经常说"我是一切的因"，事实上，当我们与孩子制订了商量做和必须做的公约，孩子一有情绪，我们也马上跟着上火。我们要去觉察，面对别人的质疑或否定，我烦躁了，烦躁背后的原因到底是什么？

换句话说，孩子只是一面镜子，只不过是你情绪的一根导火索。

重要的是，你的内心有雷区。比如说孩子对一件事情有情绪了，我们自己瞬间烦躁愤怒，这时我们要跳出事情本身，带着好奇去探索："我的内在到底发生了什么？我在担心什么？我恐惧的是什么？我害怕的又是什么？"我们的每一个担心背后，一定会有一个想法。比如你可能会想，他又生气了，我怎么能让他好起来？有这种思维模式的人会时时处处替别人着想，唯独不会考虑自己，经常把自己搞得很累，也要努力照顾好周围的人。在这部分人的心里，有一个看不见但时刻在回响的声音：我不允许我周围的人不好，我更不允许我让别人不好。

此刻正在看书的你，还好吗？你允许你最亲密的人有情绪吗？你允许你自己没有能力照顾好他们的喜怒哀乐吗？如果我们没有把这个问题搞清楚，没有把自己内心的力量构建起来，面对对方有情绪，哪怕对方只是个孩子，我们马上会惊慌失措，希望自己能够马上做点什么让对方好起来。这时的我们，怎么可能有坚定和淡定的状态？更别说像大海一样给孩子一个空间让他去慢慢好起来。如果我们的这种状态没有得到根本解决，即便给我们一个必须做和商量做的工具，我们和孩子去制订了必须做和商量做，也是形同虚设，根本就谈不上贯彻执行。

成长自己是成就孩子最近的路，每一个父母都希望把全世界最好的东西给孩子。但真相是，我们永远给不了孩子我们本来就没有的东西。必须做和商量做，看上去是一个小工具，其本质在检验家长是否有说"不"的能力。考验的是，我们面对外界的质疑，是否可以遵从内心，有理有据坚定地表达自己，而孩子只是外界无数人的一个映射。

当孩子有不良情绪时，如果我们不知道怎样才可以让孩子的情绪好起来，那就真实地表达："孩子，看到你这样，我也很难过，我现在也没有办法让你快点好起来，我尊重你的这份感受，咱们都需要先冷静一下。"

我们无须急于让孩子快速好起来，情绪本没有对错，该来的时候就会来。得到充分的理解后就会走，当情绪来了就让他如鱼儿那般任性，让那股能量自然地过去，而后孩子自然就会慢慢好起来。我们要做的是，先让自己安静下来，看看自己，抱抱自己那份挫败、沮丧，允许自己做得不够好，也允许自己暂时没有能力照顾好孩子，接纳自己的做不到。

此刻，我相信你已经准备好了。深吸一口气，当你感受到自己内在力量逐渐升腾，找个合适的时间，和孩子一起制定必须做和商量做的家庭公约吧。

思考与练习

1 检查一下，在日常生活中，自己认为必须做的事情，有没有明确并强有力地传递给孩子?

如果有，请在“有”后面标上“☆”号，并列举是哪些事情；如果没有，请在“没有”后面标上“☆”号。

有（　　　）

事例列举：

没有（　　　）

事例列举：

2 对照孩子落实比较好、效率比较高的事情，你是否发现和你态度坚定且表达明确有很大的关系？列举孩子落实比较好且效率比较高的三件事：

③ 参照二年级小朋友彬彬的“必须做”和“商量做”清单，和孩子制定必须做和商量做的家庭公约。

必须做：

当天完成校内老师布置的作业
每天练一页心算题目
每天跳绳 300 下
每周游泳 1 小时
自己洗袜子
……

商量做：

睡前看电视 10 分钟
周三晚上写完作业邀请同学来家玩
用妈妈手机玩 10 分钟游戏
周末去滑冰，踢足球等
……

必须做	
商量做	
双方签字	

孩子做计划的黄金法则——要事第一

孩子每天放学回到家，坐在书桌前：有三科的作业要做，有课程要预习，有英语听力要听，书要阅读，架子鼓要练，毛笔字要写……

于是，孩子一会儿摸摸这个，一会儿看看那个，那么多的事情，要从哪一件开始呢？更让人抓狂的是，随着孩子的年龄越来越大，还会质疑家长，为什么要每天读英语？为什么要每天练字？为什么要每天敲架子鼓？这种状态之下，怎么可能会有高效率呢？

琪琪是一个四年级的小女生，她每天必须写完学校留的作业，还需要写毛笔字和弹钢琴。

琪琪觉得钢琴和毛笔字让她没有玩的时间，每天到了做这两项作业时，琪琪就磨蹭拖拉半天不愿意开始，软磨硬泡开始了也是心不在焉，非常不认真。

妈妈眼看着时间一分一秒地过去，生气孩子浪费了大量宝贵的时间，又着急孩子不能按时睡觉。她一着急就会大声地吼孩子，大吼之后，看到孩子委屈的样子又很愧疚，如此恶性循环。到最后，孩子一听说要写毛笔字和弹钢琴，就和妈妈争吵，还私下里告诉同学自己一摸钢琴就想吐，如果可以选择，她这辈子再也不想再摸钢琴一下……

一方面是妈妈的含辛茹苦，一方面是孩子的情绪崩溃不理解，琪琪和妈妈的关系处于随时破裂的边缘。

亲爱的你，在日常生活中有没有和琪琪妈妈同样的苦恼呢？

琪琪妈妈的苦恼借助四象限法则得到了解决，该法则最早由著名管理学家史蒂芬·柯维提出，他按照重要和紧急程度，把事情分为四个象限。为了更方便在生活中使用，四个象限中我同时标注了 ABCD 四个等级。

第一象限的事情：重要且紧急（A），表示必须今天做，今日事今日毕。（校内校外当日作业等）

第二象限的事情：重要非紧急（B），不必今天做，有计划地分步骤做。（健康计划，特长班计划，家务计划等）

第三象限的事情：紧急非重要（C），可以说“不”，可以换别人做，可以换时间做。（打印东西或者赴同学的邀请）

第四象限的事情：非重要非紧急（D），可做可不做，什么时候做都可以（玩游戏，发呆，刷短视频等）

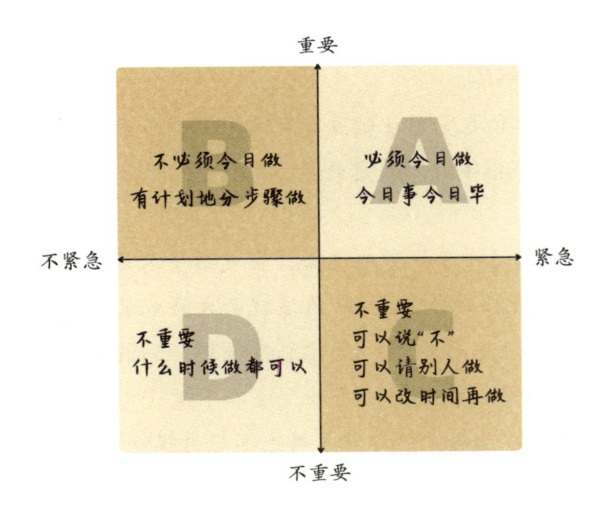

在时间管理课上，当琪琪看到这张图，她第一时间理解了 A 类事件就是每天都要完成的校内校外作业，这些事情必须当日做完，琪琪平时是可以做到的。同时，她对 B 类事件也很感兴趣。

她发现自己在以前觉得今天不练字不练琴也不会怎么样，她也很难理解为什么每天都要去做那些枯燥的事情呢？

通过这张图，琪琪理解了写毛笔字和弹钢琴属于B类事件，重要但不紧急，不用今天必须做，但要有计划地分步骤做。今天不做，明天不做，长时间不做，就无法完成这个大计划。而妈妈其实是已经帮助她把长远计划分解到了每一天，所以，这也是妈妈一直强调要每天坚持的原因。

看到这里，琪琪才恍然大悟，理解了妈妈的良苦用心。

那如何帮助孩子更好地理解A、B这两类生命中重要的事情呢？故事《什么是你生命中的大石头》会很好地帮助我们：

高校里，一位时间管理专家正在为商学院学生讲课：他做了一场演示，给学生们留下一生难以磨灭的印象。他说："我们来做一个小测验。"他顺手拿出一个4升左右的广口瓶放在他面前的桌子上。

随后，他取出一堆拳头大小的石块，一块又一块地放进广口瓶中，直到石块高出瓶口，再也放不下。他问道："瓶子满了吗？"所有学生回答道："满了。"

时间管理专家反问："真的？"他伸手从桌下拿出一桶小石子，倒了一些进去，并敲击广口瓶，使石子填满大石块的间隙。"现在瓶子满了吗？"他第二次问道。这一次学生有些明白了，"可能还没有"，一位学生应道。

"很好！"专家说。他伸手从桌下拿出一桶沙子，开始慢慢倒进广口瓶，沙子填满了石块和小石子的所有间隙。他又一次问学生："瓶子满了吗？""没满！"学生们大声地说。

他再一次说："很好。"然后，他拿过一壶水倒进广口瓶，直到水面与瓶口齐平，他抬头看着学生，问道："这个例子说明什么？"

一个反应快的学生举手发言："它告诉我们：无论你的时间表多么紧凑，只要你足够努力，你就可以做更多的事！"

"不！"时间管理专家说，"那不是它真正的意思。这个例子告诉我们：如果你不是先放大石块，那你就再也不能把它放进瓶子里。"

那么，什么是你生命中的大石块呢？

在时间管理课堂上，除了讲故事，我也会通过大石块、小石子、沙子和水给孩子们进行现场展示，让孩子们更直观更深刻地看到大石头就是生命中真正重要的事情。在日常生活中，一定要坚持要事第一的原则——要先找到大石头，从最重要的那件事开始，而这些最重要的事便是A类和B类事件。

课后，琪琪开心地告诉妈妈："如果总是忙着做小沙粒的事情，虽然看上去做了很多事情，但会因为忙这些小事，忘了去做真正重要的事情。以前我还以为玩网络游戏、刷视频或者和同学在电话闲聊很重要，现在来看，原来这些都是小沙粒啊。"

同时，在ABCD等级中，当一个人提前做计划的能力比较弱，每天都在做着紧急的A类和C类事情，这个人会总是处于高度紧张的状态。一旦紧张就会有情绪，长期处于压力状态，会严重影响人的身体健康。因此，大到人生方向，小到每日计划的安排，让事情处于重要但不紧急的B类状态，我们的生活才能做到有条不紊。

对照自己的每日计划，琪琪发现钢琴和练字这两个长期目标的B类事件只要按照原定的每天练习的计划去做，为未来打好基础，就不会升级为A类事件。

更大的一个发现是，对于每天的大石头（A类事件），虽然为紧急事件，但如果我们预留时间做好提前规划，这些A类事件同样也不会给我们带来特别大的压力。比如：5点放学回到家，做好规划开始写各科作业；但一旦到了晚上 8 点才开始做，这件事情马上就让我们感到压力很大。这时自己心理上很着急，妈妈也会担心睡觉晚，这样一来，所有人的情绪都会有波动，家庭氛围也不好，做事情的效率就更低了。

琪琪通过四象限法则，不仅了解了妈妈的苦心，和妈妈的关系更加亲密，更重要的是，她在这个过程里，学会安排自己的计划，知道每天的计划如何安排才不至于让自己太被动。

四象限法则作为时间管理中非常重要的一个工具，它最大的作用是给我们提供一个站在山外看山的机会。

面对每天各种各样的计划，当我们一头扎进某个具体的事情中，我们便无法看清山的真相。但是，当我们每天可以站在山外去评估所做的事情的重要和紧急程度，我们就更有了对事情的掌控感和规划力。当我们在生活中时时处处把握要事第一，提前规划的原则，孩子就会在生活中自然习得这种人生的大智慧。

思考与练习

① 把孩子每天放学后要做的事情，按照轻重缓急的时间管理四象限写到以下的 A、B、C、D 处：

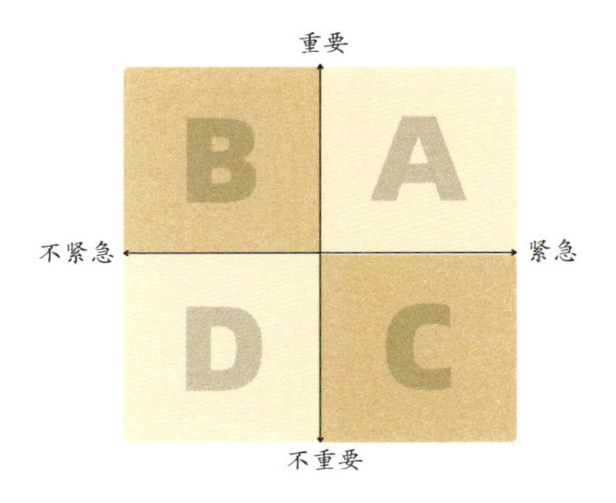

2 做完后让孩子检查一下，平时放学回家后，做事情的先后顺序是否符合四象限法则?

安排得非常好，且符合四象限法则的事情有哪些? 请列举两件：

A. ......

B. ......

3 做得不够好，明明属于A类事件，却总是拖到最后才做，是哪件事呢?

......

为了能够第一时间完成A类事件，孩子可以请求父母来帮助自己，比如提醒一下开始的时间或者帮助自己买一个计时器，把孩子想到的希望父母帮助自己的两件事写下来：

A. ......

B. ......

5 和孩子“要事”标准不一致，家长应该怎么做？

孩子了解了生命中的大石头的概念，明白了“要事第一”的原则，那么，孩子认为的大石头，和父母认为的大石头会总是一致吗？答案显而易见，不但“不总一致”，而且是“总不一致”。当家长和孩子在“要事”的标准上出现不一致，又该如何去处理呢？

佳佳是一位六年级的小女生，她特别喜欢看武侠小说，每天放学后，第一件事情就是窝在沙发里看小说，妈妈稍微一催促她，她就觉得受到了打扰，感到十分不耐烦。

佳佳妈妈是位相对开明的家长，她倒不觉得孩子不应该看武侠小说，但是小升初的压力和紧张是摆在眼前的。她只是希望孩子能够先完成校内作业，然后再看小说。

但是佳佳的脾气很倔，你越是不让我先看，我就越是要看，结果，每天开始写作业的时间就在 8 点左右，写作业到 11 点都是家常便饭，很多时候作业一多，甚至到 11 点半。

看着每天早上没睡醒就匆忙吃点饭赶去上学的孩子，她很担心长此以往孩子的健康会出问题，但她又不知道该怎么办。

佳佳喜欢看小说，还有一些孩子可能会特别喜欢踢球、画画、唱歌等，并且随着孩子年龄越来越大，他们认为的大石头会和家长有分歧。佳佳妈妈在家长课上，了解到“越控制，越失序”，她意识到自己看上去很有礼貌的催促中有很多的控制和不信任，我建议她把自己内心真实的想法告诉孩子。

佳佳妈妈在放松的周末时间，和佳佳表达了自己的担心，担心她平衡不好作息时间会影响身体健康。

让妈妈感到意外的是，佳佳并没有和妈妈去争取我到底应该看多久小说，而是很平静地问了妈妈一句话：“妈妈，我已经13岁了，你愿意信任我吗？”

后来，通过和佳佳的谈心，妈妈了解到佳佳结束一天紧张的学校生活，回到家只是希望自己能有一点儿空间放松一下，而妈妈带着担心的催促，让她无法体会到读小说的乐趣，更无法真正地放松下来。

在整个过程中，佳佳看上去是没有时间观念，事实上是对妈妈无言的反抗。妈妈的不断介入，让她不但没有得到放松反而更加烦躁。

妈妈了解佳佳的内心想法后，和佳佳做了约定：每天回到家放松的时间可以自己选择5分钟、10分钟或者15分钟。

无论选择哪个时间，整个休息的过程中，妈妈不再催促。这样坚持了一段时间之后，佳佳很快将自己的作息时间调整过来。

佳佳看小说这件事情，如果按照成人的标准，可能就应该放在D类中，既不重要也不紧急，但在孩子的标准中，她会把它视为紧急又重要的事情。不只是佳佳和妈妈，很多家长和孩子的意见会经常不一致，那不一致的源头到底是什么呢？我们可以通过以下行者和僧人的对话找到答案：

一位行者问僧人：“您得道前，做什么？”

僧人：“砍柴、担水、做饭。”

行者又问：“那得道后呢？”

僧人：“砍柴、担水、做饭。”

行者继续问："那何谓得道？"

僧人："得道前，砍柴时惦记着担水，担水时惦记着做饭；得道后，砍柴即砍柴，担水即担水，做饭即做饭。"

"砍柴即砍柴，担水即担水，做饭即做饭。"这富有哲理的话表达出高僧得道之后活在当下的状态——放下头脑，随时随地和自己的身心在一起。而孩子是天然地活在当下的，我们都有这样的经验，孩子可以一根柳条玩一个上午，而成人恰恰相反，我们看着孩子玩柳条，一会儿想想下一个地方去哪里玩，一会儿想想中午吃什么，一会儿想想回家之后拿个快递，我们很难像孩子那般真正地活在当下。

我们也可以将我们双手打开平放在身体的两侧，对于右利手的人来讲，左手方向代表过去，右手方向代表未来，脚所踩的位置就是当下。我们的身体永远都是在当下的，但对于成人来讲，头脑却在随时随地地思考，一会儿想想过去，一会儿想想未来，唯独很难和身体同时活在当下，而孩子的年龄越小，活在当下的能力越强。

当家长以未来为导向，帮助孩子安排钢琴课、书法班等，给孩子的感觉是爸爸妈妈觉得这个很重要，但是跟今天他想出去骑自行车相比，他是无法真正感受到书法班、钢琴课比骑自行车更重要。

家长不是孩子，也忘了自己曾经是孩子时的想法了，当我们和孩子出现不一致时，我们无须按照孩子的想法去做事，但是可以选择带着一份理解去和孩子对话。当我们首先有了这样一种姿态，允许孩子去表达自己真实的想法，我们和孩子的沟通才会更有效，才更有可能引导孩子高效做事。

思考与练习

1 对于孩子生命中的"大石头"这样的要事，孩子在哪一项计划上和家长存在着意见不一致？列举出这项计划：……………………

……………………………………

2 试着从孩子的角度去理解孩子，孩子的年龄受限，无法和你完全同频，你是否允许孩子在这件事情上和你意见不一致？

A. 是　　B. 否

允许的理由有哪些？请写在下面的横线上：

A. ……………………

B. ……………………

3 就如文中的佳佳妈妈一样，当我们带着理解孩子的心态和孩子去沟通，才更容易和孩子达成一致，写下你接下来和孩子沟通的两个方向：

A. ……………………

B. ……………………

本章小结

1/ 通过本章的学习，列举孩子在做计划上有哪三点进步?

2/ 你和你的爱人及其他家庭成员都可以有意识地过“平衡”的人生，具体的行动有哪些?

3/ 孩子明确了“必须做”和“商量做”，明确了哪些才是自己生命中的“大石头”，开始关注自己生活中的“要事”，你能看见的最明显的两个进步是什么?

4/ 和孩子某些“要事”标准不一致，你尝试站在孩子的角度和孩子做了一次沟通，并取得了不错的效果。你做得好的三点是什么呢? 请写到下面的横线上。

第四章
行动力激发篇

——定好目标就执行，立刻行动不拖拉

清代著名学者彭淑端在《为学》一文中写到：“天下事有难易乎？为之，则难者亦易矣；不为，则易者亦难矣。”

为了证明这个观点，他还举了一个例子：

四川边境有两个僧人：一个贫穷，一个富有。穷僧人对富僧人说：“我想去南海，你觉得怎么样？”

富僧人说：“你靠什么去呢？”

穷僧人说：“我靠着一只水瓶和一个饭钵就足够了。”

富僧人说：“几年来，我一直想雇船过去，到现在都没能去成，你靠这些就能去？”

第二年，穷僧人从南海回来，并把这个消息告诉了富僧人，富僧人面露愧色。

四川距离南海，不知道有几千里路，富僧人没能到达，可是穷僧人却做到了。

穷僧人之所以能够到达南海，源于他强大的行动力，想到目标，就立刻采取了行动。

孩子的生活和学习也是如此，制定了再好的目标，只有立即行动才能真正完成。本章我们会带领孩子定好目标就执行，立刻行动不拖拉。

孩子情绪愉悦，行动才飞快

我们经常说到“愉快”，如果我们足够细心，不难发现它可以拆解为“愉悦”和“飞快”两个词。而这两个词又很好地诠释了情绪和行动之间的关系，那就是：情绪愉悦，行动飞快。

人类的大脑是非常有意思的，当人处于愉悦、喜悦、充满好奇时，就会积极探索，乐此不疲，行动力非常强。在这一点上，大家不妨回想一下孩子玩游戏或者去买玩具等他感兴趣的事情，那个时刻他的动作麻利，行动力非常强；而当自己对事情情绪不佳，很烦躁或很厌烦时，这时根本就谈不上有什么行动力。

庆庆是一位进入五年级三个月的男生。

三个月前，他转到现在的这所新学校。一个月之后，妈妈发现庆庆每天放学回来的情绪都非常糟糕，作业总是拖到晚上9点以后才开始写。

妈妈问他怎么了，庆庆一脸的愤怒烦躁，始终不和妈妈说发生了什么。妈妈以为庆庆刚转学，适应一段时间就好了。谁知道三个月过去了，孩子不但没有好起来，反而状态越来越糟糕，开始和妈妈吵闹着不想去上学。

妈妈尝试和孩子沟通，庆庆一言不发，愤怒之下，还有几次摔门而去。

妈妈越来越感觉到孩子不对劲儿，便带孩子来到了我的咨询室。

在和孩子单独沟通的过程中，庆庆和我说了一个细节：刚转学后没几天，班上有个男生大声在班里说：“太搞笑了，我们班庆庆的爸爸妈妈离婚了，妈妈还是个炸鸡柳的！（庆庆妈妈开了个小吃店）”

听到这个消息，大家哄堂大笑。

庆庆说，当他看着周围一个个笑得前仰后合的同学，那一刻，他恨不能钻到地底下。他也特别想上去和那个孩子打一架，可他不敢，担心那个孩子会联合其他的孩子一起打他。

从那天起，课间活动时，庆庆就经常坐在自己的位置上发呆，他也很少和同学说话。

慢慢地，大家觉得他很孤僻，都不愿和他交往。内心孤单的他脾气也变得越来越大，越来越崩溃。

我问庆庆："你承受了那么多，为什么不和妈妈说呢？"

庆庆咬着自己的嘴唇说："没用的，我和妈妈说了，她只能更伤心。妈妈和爸爸离婚，一个人养家已经很不容易，我不希望妈妈再因为我而烦恼。"

庆庆因为同学的嘲笑，甚至都不想去学校了。那这背后的原理是什么呢？这要从三体脑说起。大脑是非常重要的信息加工器官，它包含了三个部分：

1. 爬行脑：生命的本能反应，呼吸、心跳、消化、内分泌、免疫系统。它是负责生存的脑区，有三种功能：逃跑、攻击、冻僵。

2. 情绪脑：感受环境信息传达到大脑的爬行脑和理性脑，就好比雷达系统，是一个与外在链接时提供信号的一个工具。它没有中间立场，如果感到危险、不安全、痛苦就会立刻进入爬行脑。这时人的第一个本能反应就是搏斗，搏斗不了就逃跑，逃跑不了就进入了冻僵状态。如果没有危险，就会进入理性脑，开始工作。

3. 理性脑（皮质脑）：认知、分析、判断、思维、计算、语言、计划执行等。

三体脑之间的关系是怎样的呢？

当一个人处于爬行脑状态时，理性脑是不工作的。此刻，他所有的精力都在用来保护自己，就好比此时此刻正在看书的你，突然发现有一头大狮子出现在房门口，你扔下书，撒腿就跑。但你旁边的朋友慢条斯理地告诉你“别害怕，别害怕，先看书”。此时，我相信无论对方说什么，说得多么有道理，你一定无法听进去，更谈不上继续读书。

同样，情绪脑开启时，理性脑同样也不工作。大家可以回忆自己生活中的经历，自己因为和爱人闹了一点儿别扭，处于极大的愤怒中，此时对方若无其事地和你商量周末去哪里玩，你能心平气和地坐下来思考去哪里吗？我想一定有很大的挑战，不是吗？

当孩子处于爬行脑或情绪脑，理性脑不工作时，他就很难有真正的行动力。

在庆庆身上，我看到一个特别懂事、能够体谅妈妈的男子汉，但他毕竟是个孩子，有些事仅靠他自己的力量是无法解决的。当他对学校、对学习产生了不良的情绪，持续处于情绪脑或者爬行脑状态，无论别人给他讲多少道理，都无法让他真正行动起来。

我每一年都会去学校给孩子们讲心理课和情商课，每次讲到在学校里最难过的事，在孩子写给我的小纸条中，我看到，很多孩子或因为父母，或因为学习成绩，或因为自己的穿着，受到过同学的羞辱或者嘲笑，而处于一种心神不宁的状态。

他们觉得周围的同学不喜欢自己，觉得自己是不受欢迎的，长时间处于这种状态的孩子，内心非常焦虑而心神不宁地处于爬行脑状态，做事情的时候，效率自然极低。

一旦孩子长期处于爬行脑状态，随时感觉自己的安全会受到威胁，那么，只要他有反击的机会，这个孩子在没有理智的情况下，就会做出一些恶性行为。大家可以回想生活中很多让人痛心的青少年犯罪事件或自杀事件，这类孩子在采取极端行为之前大概率地就是长期处于爬行脑状态。一旦有导火索让他感到压力巨大，感到无处可逃，失去理智的他便会采取极端行为。

还有一些孩子受到的困扰可能不足以影响他的安全，但是每次他想到这件事情，就让他感到非常愤怒。同样也会影响孩子的行动力。

瑶瑶是个三年级的小女生，小姑娘非常清秀，也非常懂事，学习成绩一直是班级前几名。

但从三年级下学期开始，瑶瑶的学习成绩有了很大的波动，她经常完不成作业，妈妈给她讲了很多道理，也帮她做了很多分析，却无济于事。

在咨询中，我发现瑶瑶有很大的情绪，这情绪中有愤怒，有愧疚，还有一些不耐烦和无所谓。

在和孩子的不断沟通中，我了解到，原来是瑶瑶的奶奶从老家搬过来和他们一家一起住了。

因为老人的生活习惯和妈妈的差异非常大，最突出的一点就是奶奶喜欢存东西，任何东西也舍不得扔，把家里堆得满满的。这倒也罢了，最重要的是，老人还经常在外面捡一些纸壳或者矿泉水瓶回来。

妈妈是一个特别爱干净的人，每次看到奶奶捡回来的东西，用她的话说就是“看着家里一堆堆捡回来的废品，自己连吃饭都没胃口了”。和奶奶沟通了几次之后，奶奶觉得儿媳妇在抱怨自己不尊重她，于是，她就和瑶瑶爸爸抱怨瑶瑶妈妈花钱大手大脚。

老人的添油加醋，再加上瑶瑶爸爸总是嘱咐她不要乱花钱，让瑶瑶妈妈感到有些崩溃，因为她能感到瑶瑶爸爸越来越听信老人的话。

她不想和老人发生正面冲突，也对瑶瑶爸爸越来越失望，她把委屈和愤怒都压在了心里，非常痛苦。

瑶瑶妈妈的几近崩溃的状态，让她给孩子辅导作业的时候非常没有耐心，孩子出现一点儿小问题就会让她情绪失控。

而孩子的直觉是非常灵敏的，她能够感受到妈妈的不开心，也能感受到奶奶的不开心，夹在中间的她能感同身受每一个人，她希望每个人都能开心，但她又做不了什么。

在这种情绪下，孩子对奶奶有愤怒，觉得你没有来之前，我们都挺好的；对妈妈也有愤怒，觉得你可以和奶奶好好说，为什么你就不能对老人好一点儿？

在这种复杂的情绪中，瑶瑶面对自己的作业，每天都心事重重，无法高效地去完成。小小年纪的她说："我们家现在的氛围是窒息，没有一个人开心，包括我自己。"

在这个案例中的瑶瑶，如果妈妈不是足够的细心和敏锐，可能会归罪孩子怎么那么不懂事，但是，妈妈的第一直觉就是孩子原来不是这样的。尽管她搞不清楚具体是什么原因，但她还是带着孩子来到了我的咨询室。

当妈妈意识到自己的状态对孩子产生的影响后，妈妈及时地调整了自己的心态和思维。她和爸爸做了坦诚的沟通。为了家庭和谐，他们在旁边租了一个新居室搬了出去，一来可以照顾老人，二来双方都有自己的空间，各自尊重彼此的空间。

妈妈让自己好起来之后，瑶瑶的状态也很快恢复成之前开心愉悦的样子，她脸上的笑容也越来越多，行动力也越来越强。

在庆庆和瑶瑶的故事中，我们看到学校和家庭中的不稳定因素对孩子情绪产生的影响，进而对孩子的行动力产生影响。

这些因素包括和老师的关系，和周围同学的关系，家庭中两代人之间的矛盾，父母双方的争吵以及我们对孩子本身的指责等让孩子处于情绪脑或者爬行脑状态，进而影响了孩子的行动力。在孩子的日常生活中，有没有一些不稳定的因素在影响着孩子的情绪状态呢？孩子行动力弱背后的原因到底是什么？

教育是一个长线的工程，我们不但要看到孩子有没有去学习，我们更要关注孩子在用什么样的状态在学习。当家校双方给孩子制造了一个愉悦宽松的学习环境，孩子的行动力就一定不会差。同时，作为父母，我们要及时处理自己的情绪，帮助孩子清理他的负面情绪，让孩子的情绪处于安全、轻松、愉悦的状态。只有这样，孩子才会产生真正的行动力。

思考与练习

1 结合三体脑理论来观察，现实中在哪些情况下，孩子比较容易进入爬行脑、情绪脑状态？列举你想到的三种情况。

…………………………………………

…………………………………………

…………………………………………

2 当你和孩子在作业问题上发生了矛盾，为了避免双方进入爬行脑、情绪脑的状态，你会做哪些行动来平复自己的情绪？

…………………………………………

…………………………………………

…………………………………………

3 为了避免双方进入爬行脑、情绪脑的状态，家长和孩子在出现矛盾时，可以通过说什么或者做什么来缓和气氛？请和孩子沟通并达成一致的约定，如未达成一致，需要反复沟通或更换内容，直到完全达成一致为止。达成一致后，请把约定写到下面的横线上：

约定一：…………………………………………

约定二：…………………………………………

约定三：…………………………………………

责任心才是孩子行动快慢的最重要因素

所谓责任心，就是孩子“约束”自我行为的源动力，是指对事情敢于负责、勇于主动承担的态度。

一个人的责任心，相当于是这个人内心中的“警察”，监督、督促其自身的行为。我们在陪伴孩子成长的过程中，要帮助孩子在他的心中树立一个“警察”，让他对自己进行监督。一旦这个“警察”没有很好地形成，那么，孩子的行动力就需要外力去不断推动，一旦外力消失，那么，很自然地，行动力也跟着消失。

责任心并不是先天形成的，需要父母有意识地去培养。

东东是一个三年级的小朋友，东东妈妈是一个全职妈妈，陪伴东东把学习搞好，就是妈妈最重要的工作。

妈妈有句口头禅：“如果在该陪伴孩子的年龄，你选择了不陪伴，那么，总有一天你会为此付出代价。”

妈妈包办了东东所有的衣食住行和学习，每天放了学，妈妈比孩子还要认真，帮着孩子摊开作业本，一项一项地安排好，先做哪一项后做哪一项，然后写完她还要帮助孩子仔仔细细地检查，不对的擦了又擦，一边忙碌还一边告诉孩子：“切好水果了，赶紧休息一会儿。”睡觉前她会对孩子说：“明天要上学了，你快去睡觉吧，书包由我来给你收拾。”

而东东几年下来也完全适应了妈妈对自己无微不至的关怀，他也会经常这样和妈妈表达：“帮我把我的校服拿出来，我明天要穿。还有昨天穿的那件，帮我洗了吧。”

小学一二年级还好，东东的成绩在班级里保持着前十名的样子。但到了小学三年级，每天到了写作业的时间，东东就开始闹情绪。尤其碰上不会的题，妈妈耐心地讲一遍不懂，会耐心地再讲一遍，结果，妈妈没有发火，东东反而生气了，每次都大喊大叫“烦死了，太讨厌了，不会不会就是不会，我很笨。”

妈妈参加家长课时，一脸蒙，她不知道自己做错了什么，她也不知道自己的孩子为什么会变成这个样子。

当我们站在局外去看东东和妈妈的互动，我们第一时间就能感受到妈妈的包办代替让东东形成了以自我为中心的“小皇帝”。有很多事情东东不是推脱，他是真的不会。更为严重的是，东东在妈妈的包办代替中，越来越丧失了为自己负责的能力。

在东东妈妈身上，你有没有看到自己的影子呢？

我们常说要做一个负责任的人。既然要负责任，我们首先要明确事情到底是谁的责任。学习也好，做家务也好，如果我们给孩子一种感觉，这件事情一旦孩子不做，你就会比孩子更着急，无形中就会让孩子感觉这件事是你的事，我做这件事是为了你而做。

问题是：一个人会为别人的事负责任吗？

很多家长为了帮助孩子节约时间，不愿意花时间让孩子去摸索，希望帮助孩子腾出更多的时间去学习，我们以为帮孩子节约了很多的时间，实际上，我们在解决问题的同时，又制造了一个更为严重的问题——那就是导致孩子责任感的丧失，进而导致孩子在行动上更为低效。

东东妈妈了解了一个人的责任心直接影响一个孩子的行动力，同时也看到自己在照顾孩子的过程中自我的迷失——陷入孩子的无限需求中，完全看不见自己。

当她停下来，她看到自己辛辛苦苦为孩子付出，希望孩子好，没想到却适得其反。她又想起在别的妈妈三三两两出去喝茶插花写书法的时候，自己却一门心思地扑在孩子身上。在把自己活成了没有需求的妈妈的同时，东东妈妈看到自己也活成了一个没有力量的妈妈。

当东东妈妈看到整个事件的来龙去脉后，她首先调整了自己，开始为自己的生活做一些小的安排，为自己积蓄能量，让自己保持心情的愉悦。

在这个基础上，她开始有意识地给东东引入责任这个概念。同时也真诚地告诉东东："妈妈以前没有好好学习，包办代替太多，没有给你自己的空间，以后妈妈会把事情真正交给你来负责。"

东东起初很意外，但当他看到妈妈非常坚定地让他自己为学习负责时，他感觉到妈妈是认真的。

经过一段时间的调整，东东越来越意识到学习是自己的事情，力所能及的家务也是自己的事情，而妈妈只是帮助者。

一个有责任心的人，首先是一个被信任、被放权的人。

当我们不敢放手或者为了满足自己是个"好妈妈"而无微不至包办孩子的所有事时，都是我们内在的担心和害怕在作怪。生怕没有我们，孩子就不行。在这个过程中，传递给孩子的信息是：你不行，没有我，你什么都做不了。时间长了，孩子会越来越不信任自己。

当一个人不能信任自己，也就更担心为自己负责任。我们通常所说的妈宝男，除了长时间依赖父母，不愿意自己承担责任之外，更重要的一点，就是长时间没有自主选择和决定的权利，导致自己根本就没有承担责任的胆量，万一我做不好怎么办？

一个孩子不能有真正的责任感，除了和父母的包办代替有关系，和父母在孩子做得不好的时候所表现的态度也有很大的关系。当孩子的表现不理想时，我们给予的反馈和回应直接导致孩子是否可以形成真正的责任感。比如孩子考试成绩不好的时候，有的家长说：“让你考得不好，让你偷懒，继续给我做试卷。”“考试成绩不好，还敢给我玩？”“看你歪歪扭扭的字，给我擦了重新写。”

当我们和孩子表达这些“给我”时，或许我们根本就没有意识到，我们正在剥夺孩子为自己负责的能力。既然是给你，那我表现好与不好和我又有什么关系？

我们经常说，教育孩子是一条单行线，一旦出现问题，我们是没有回头路的。

我们经常会在孩子行动力差的时候，抱怨他没有责任心，却没有意识到究竟是什么原因让孩子没有了责任心。

一个有责任心的孩子首先是一个被信任的孩子，同时也是一个被允许犯错的孩子。只有当孩子感受到被父母信任，相信自己“我能行”，同时又知道自己是安全的，无论发生什么事，父母永远是安全的港湾。这个时候的孩子才愿意去挑战自己，才真正有机会为自己的生活负责任，成为一个行动力强的人。

思考与练习

① 孩子在哪些事情上已经培养出了足够的责任心？请举例说明：

A. 学习上 ……………………………………

B. 生活上 ……………………………………

C. 其他 ……………………………………

② “考试成绩不好，还敢给我玩？”

“看你歪歪扭扭的字，给我擦了重新写。”

“让你考得不好，让你偷懒，继续给我做试卷。”

……

你有没有说过类似的话？你有没有意识到这种方式正在剥夺孩子的责任心？帮助孩子建立责任心，列举你马上就可以做出改变的两点：

....

....

❸ 帮助孩子建立责任感，家长要在信任孩子的同时，还要允许孩子犯错。

写出对孩子表达信任的一句话：..

写出孩子犯错时你会说的一句话：..

3 奖励制度是否可以用于激发孩子行动力？

很多家长在提到提升孩子的行动力时，会讲到用奖励来提升孩子的行动力。

在孩子成长的过程中，父母是否要给孩子奖励呢？如果需要，父母到底应该给孩子怎样的奖励呢？

当我们去回忆，你就会发现奖励无处不在。比如孩子上幼儿园期间，当孩子表现好的时候，老师或者家长会奖励小粘贴或者小星星；上学考了双百分之后，父母带孩子吃大餐或者外出旅游等，这些都是我们可以给孩子的奖励。但奖励似乎并不总是有效：

恺恺今年上小学六年级，一年级到四年级时，恺恺非常优秀。

妈妈在每次考试之前都会跟孩子强调，“好好复习考个好成绩，到时候带你去旅游。”那时的恺恺果然很努力，每次考前都认真复习，做卷子。当然每次他都没有辜负妈妈的厚望，经常考双百分甚至三个一百分，然后如愿以偿地和爸爸妈妈去旅行。

自从恺恺上了小学六年级，一切似乎都失控了，恺恺开始不在乎这些奖励了。不论妈妈用什么办法威逼利诱，恺恺就是不肯好好复习。好不容易做张试卷，都像是妈妈求着他做的。

有些时候，妈妈实在是看不下去了，就会情绪激动地威胁他：“如果考不好，你哪儿都别想去。”没承想，恺恺竟然一点儿都不放在心上。他竟然说：“不去就不去，我什么都不要！吃的、玩的、出去旅游，我统统都不要，我可以不好好学了吧？”

气急败坏的妈妈，好几次都想把巴掌甩到恺恺脸上。幸亏妈妈有思考有觉知，知道打了恺恺也不能解决根本问题，但她特别郁闷地想知道，问题到底出在了哪里？

恺恺的妈妈通过奖励的方式来提升孩子的行动力，开始好用，为什么到后来，这种方式越来越不好用了呢？

事实上，奖励也是分不同层级的。有的是低层级，有的是高层级。接下来，让我们一起看一张图片：马斯洛需求五层次。

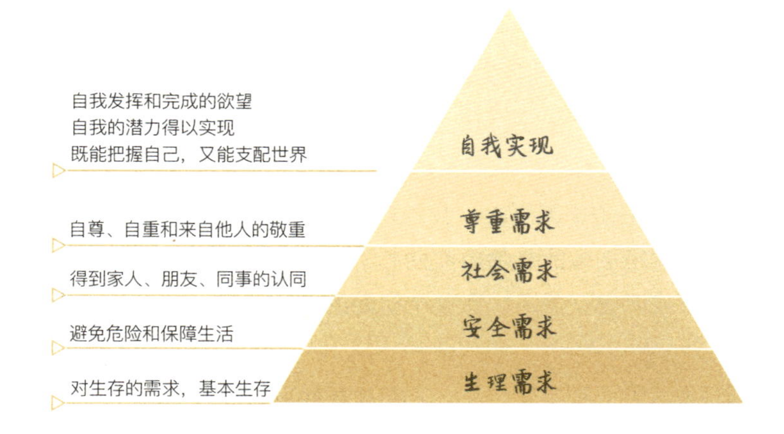

马斯洛需求五层次，从下而上：

第一层是生理需求：比如吃喝拉撒睡，这就是我们最基本的生理需求。比如有的家长对孩子说，你如果考得好，咱们就去吃必胜客或者送你喜欢的玩具等，这是最初级的第一层的需求。

第二层是安全需求：无论我走在哪里，我有归属感，我有安全感。比如有的家长意识到生活不能只是吃吃喝喝，更重要的是要陪伴孩子，给孩子丰富的心理营养，给予孩子安全感，这是第二层的需求。

第三层是社会需求：作为一个社会人，与家人、朋友、同事交往的过程中，希望得到周围人的认同。比如当孩子考得好的时候，家长邀请孩子最要好的朋友，在家里举行一次家庭宴会，每个参加的人还给孩子精心准备了礼物和一张贺卡，但是，对于孩子的意义却完全不同，非常有仪式感地给孩子传递了认可和欣赏，这是第三层社会需求。

第四层是尊重需求：光是认同还不够，我还希望孩子能够自尊自重，赢得别人的尊重。随着孩子的年龄越来越大，孩子对尊重的需求也会越来越强，比如孩子希望自己能够做部分的决定；比如在学校参加比赛，为班级赢得了荣誉，站在领奖台上发表获奖感言，看到台下同学们的眼神中满是欣赏和尊重，成为被别人学习的对象，这个时候，孩子尊重的需求就得到了极大的满足。

第五层是自我实现：一个人在得到别人认可和尊重的基础上，便会开始思考他的人生意义是什么，去实现他自己的人生价值，这就是我们经常说的内动力。

结合马斯洛需求五层次，我们再回看恺恺的例子，很明显，他的妈妈所用的奖励更多的是物质奖励和陪伴，处于马斯洛需求五个层次的生理需求或者安全需求，那这个层面的奖励给孩子带来的副作用是什么呢？

斯坦福大学心理学家马克·莱帕及其同事做过一个实验：

马克·莱帕及其同事来到一所学校，让学生们画画。

在拿到画笔和画纸之前，莱帕告诉第一组学生，如果他们画画，就会得到一枚“好孩子”奖章，而对第二组学生没有得到任何承诺。

第一组孩子会下意识地认为：“只有当大人们让我做我不喜欢做的事情时，他们才会给我奖励。画画会得到奖章，所以，肯定是我不喜欢画画。”同样，第二组孩子会想：“当大人让我做我不想做的事情时，他们会给我奖励。我画画，他们没有给我任何奖励，那么肯定是我喜欢画画。”

这种内心对话，都在孩子的潜意识里，甚至连孩子自己都不一定能够意识到，但是当奖励公布的那一刻，奖励的负面作用已经埋下了。

几周以后，马克·莱帕及其团队回到这群孩子中间，在没有任何奖励承诺的情况下，又向两组孩子分发了绘画的材料，并且仔细观察孩子们是如何绘画的。

很明显，几周前得到奖章的第一组孩子比起第二组的孩子，画画时间要短得多。

这些实验的结果表明，当我们通过物质来刺激孩子去做一件事，其实已经在暗示对方，似乎不是多么喜欢现在所做的事情。这就好比我们从来不会对孩子说，来孩子，你玩一上午游戏，如果能做到，妈妈带你去吃你喜欢吃的汉堡。所以得到暗示的孩子，一旦奖励取消或者奖励失去了吸引力，孩子在这件事情的行动力就会瞬间下降。

短期来看，奖励机制似乎是有效的。但长期来看，家长不得不持续提供特别的糖果、礼物、奖金等奖励措施，并且需要换着花样让孩子始终保持兴趣，同一奖励使用三次以上几乎就没有什么吸引力了。更重要的是，一旦奖励取消，孩子的动力更是瞬间烟消云散。

事实上给孩子奖励或者奖赏，并非绝对不可以，但是，家长要知道，它绝对不会长期有效，比如，幼儿园孩子往往会非常看重老师奖励的小贴画，但中学生哪怕是小学高年级孩子就开始对这些东西嗤之以鼻了，表示这些奖励很幼稚。作为家长，我们要有意识地带领孩子去看到更高维度的需求，引导孩子看到更广阔的世界。

东东是一位六年级的男生。

东东每天下午五点到家，一般要 8 点才能开始写作业。上了六年级以后，几乎就没有在晚上 11 点之前睡过觉。

妈妈觉得他做事拖拖拉拉，尝试了各种利诱的方法，比如买好吃的、出国旅游等，依然没有任何改观。妈妈感到非常焦虑，经常会忍不住唠叨他不懂事，与孩子的关系越来越紧张。发展到后来，孩子经常把自己关在他的房间里，不想看见妈妈，更谈不上和妈妈沟通。

学习时间管理课程之后，东东有一天突然问："妈妈，我是不是一个自由的公民？"

妈妈以为他又要为自己争取什么权利了，她没有说话，只是看着东东，示意他继续说。

东东接着说："写作业不应该是应付，而是我实现人生价值的途径。从今天起，妈妈不需要再操心我学习的事，也不用给我任何形式的奖励，我自己会安排好的。"

妈妈惊讶得下巴差点儿掉下来，她不知道孩子究竟是因为什么而发生了这样的蜕变。于是她问孩子："温老师讲的哪一节课让你对学习有那么深刻的理解？"

东东拿着笔记给妈妈看，妈妈看到在马斯洛需求五个层次的图表上，东东在第五层旁认真且工整地写着一行字：站得高才会更有智慧，学习是我自己的事情，是我实现人生梦想的途径，不需要任何人给我任何形式的奖励。

从那以后，每天他都会把大部分作业在学校里完成，晚上 7 点左右，就可以完成当天所有的作业。有 2~3 个小时可以自主安排的时间。在这段时间里，东东会为自己安排阅读，安排英语听力，偶尔也会听音乐或运动。

妈妈看到孩子的变化，感受到了孩子思想的成熟。她欣喜地发现，现在的儿子已经认识到学习是实现他人生梦想的途径，哪怕没有任何奖励，他也会为自己的人生去努力。如果一定要给奖励，那么也要从更高的层次去看到孩子现阶段需要的奖励是什么。

一旦孩子看到马斯洛需求五层次中更高的需求和更大的世界，他的内动力就会被点燃。高效的行动力就变成了自然而然的行为，而不是外力的驱动。

思考与练习

1 目前你常用的奖励孩子的方式是什么?

物质方面有：……………………

精神方面有：……………………

2 在孩子当下这个年龄段，他/她最喜欢的奖励方式是什么？请列举三个：

……………………

……………………

……………………

3 每个层次的奖励没有好坏之分，对孩子有激励效果的就是可行的。结合马斯洛需求五层次，从每个维度，试着列出一个具体的奖励方案，并和孩子讨论，他最希望使用哪个方案作为对自己的激励。

4 目标一致，行为灵活的父母，孩子才有真正的行动力

随着孩子年龄的增加，父母给安排的事情可能不是速度快慢的问题，而是做不做的问题。连做都不会做，就更谈不上什么效率。

小荣是一个小学六年级的男生，这周他的英语老师找了小荣妈妈三次，说："小荣最近英语退步得很厉害，你赶紧给小荣报个英语班，可千万别落下。"

又要加课？小荣心里一百个不愿意，在妈妈语重心长地做了思想工作后，他去了三次辅导班，就再也不去了。

任凭妈妈说破了嘴皮子，小荣一再坚持：不去！不去！就是不去！

在我们的生活里，有没有类似的场景呢？

为了孩子，我们费尽心力地帮他安排好，把我们认为最好的方式给了他，孩子非但没领情，竟然连动都不动，更谈不上有什么效率。

在和小荣发生了几次激烈的肢体冲撞之后，妈妈和小荣来到我的工作室。进门的瞬间，我看到妈妈的眼睛里布满了血丝，眉头紧锁，微笑里夹杂了太多的委屈和愤怒，我能感受到一个浅浅的微笑都几乎耗尽她全身的力气。

见到我的一瞬间，小荣妈妈咬了咬嘴唇，强忍着眼里的泪水，对我说："温老师，孩子才小学六年级，就厌学，给他安排了英语辅导班，才去了三次说什么都不去，我真是没办法了。"

说完，泪水一涌而出，我能感受到她内心有很多的愤怒和委屈。

在妈妈说话的整个过程中，旁边的小荣，一直昂着他高傲的头，随时处于应战状态。在妈妈流泪的瞬间，他用力揉搓着双手，眼睛不时地看看我又看看墙上的壁画，似乎眼前这个挫败、痛苦到绝望的人和他没有任何关系。

等妈妈的情绪稍微稳定一些后，我问妈妈："让孩子上辅导班，是为了达到什么目标呢？"

妈妈用低沉无力的声音回答："希望他学习上别落下，把英语成绩给提上去。"

我把目光投向了孩子，问："老师找过妈妈好几次，妈妈希望你的英语能够提升成绩，你希望提升自己的英语成绩吗？"

孩子看着我，他的眼睛里满是期待，使劲地点头。

我总结道："在提升学习成绩这件事上，你们二位的目标是一致的，难道不是吗？"

妈妈和小荣惊讶地看着我，在他们的眼睛里，我分明能感觉到他们在说：您是说我们两个是一伙的？

我继续说："所以，两位都认同，提升英语成绩是你们的共同目标。"

妈妈和小荣不约而同地点头说是。

我接着问："达成两位共同的这一目标，除了上现在的这个英语辅导班，还有其他的方式吗？"

妈妈瞬间瞪大了眼睛，惊讶地看着我问："老师，您的意思是还有其他方式？"

"咱们探讨一下可能性，'任何事情都至少有三种以上的解决方式'，提高英语成绩是目标，为了达到这个目标，还可以有什么方式呢？"

这时，我留意到孩子也开始陷入思考中，我问孩子："你想到了什么呢？"

孩子的眼睛里满是期待，他声音上扬地回答："线上英语 App（手机软件），自学新概念英语，早晚固定时间听英语……”

妈妈诧异地看了看我，又看了看孩子，点头表示赞同，又补充说：“还有其他的英语辅导机构。”

看到妈妈和孩子都开始积极思考，我知道他们现在已经意识到他们的目标是一致的，我又继续补充说，“目标一致的情况下，达成目标的方式有很多，而决定用哪一种方式不是谁对谁错，而是谁的更有效。所谓的有效，也就是相同时间相同精力，哪一种可以更好地达成目标。”

这时我留意到，孩子不再像刚才那样使劲地昂着自己高傲的头，而是非常放松地靠在沙发上，眼睛不时地瞥着妈妈，虽然短暂却流露出对妈妈的歉意和心疼。

几天后，妈妈开心地打电话反馈，在和孩子商量后，他们选择了另外一家英语辅导机构，老师更年轻，也更有活力。小荣非常喜欢老师，同时也因为和妈妈沟通顺畅心情愉悦，在英语学习上非常自觉和自律，他的英语成绩也开始逐步提高。

在小荣和妈妈的故事中，我们看到妈妈和孩子因为陷入各自的情绪中，丝毫没有意识到两个人的目标是一致的。同时，妈妈更是陷入孩子不上目前这个辅导班就是厌学这样深深的担心和恐惧中，又因为担心和恐惧以至于无法看到不上目前这个辅导班之外的任何其他可能，误把实现目标的一种方式看成了目标。

一旦我们认为去上英语辅导班就是目标，当孩子与我们有不同意见，便会误以为孩子和我们的目标不一致，然后陷入深深的对抗中。一个智慧的家长是善于区分目标和达到目标的方式的，从 A 到 B，B 是目标，但从 A 到 B 的方式却可以有无数种。在现实生活中，孩子之所以行动慢甚至不行动，一个很重要的原因就是家长不仅告诉孩子目的地是 B，而且从 A 到 B 的路径都规定好了。

这种父母给方案，孩子听话照做的沟通模式，在孩子小的时候，因为年龄原因，没有能力去反抗或者不敢去反抗。这个时候父母说什么，孩子就做什么。看上去高效，但实际上却隐藏着巨大的隐患——对于一个有独立想法的人来讲，没有选择一味地被动接受是一件极其痛苦的事情。

我们经常说，哪里有痛苦，哪里就有反抗。当孩子的痛苦累加到一定程度时，积蓄了足够的力量和胆量，总有一天，他会为自己抗争。当孩子为自己的内心做抗争时，这时候孩子看上去的行动力差、磨蹭、拖拉，更确切地说是一种觉醒。怕就怕，很多孩子从小就适应了父母的被动安排，像个小机器人一样听话照做，看上去很乖，行动力强速度快，却在爸爸妈妈的具体指令里，越来越没有了自主思考的能力。长大了成为“妈宝男”“妈宝女”，遇到事情，不是找爸爸就是找妈妈。

更严重的，如果一个孩子自我主张的能力长期被压抑，想对父母发火又不敢，他便会转而进行自我伤害。试想一下，那些在楼上一跃而下的生命又何尝不是生命别无选择之下的一种无助和绝望呢？“任何事情都至少有三种以上的选择”，和孩子做任何安排之前，不妨问自己三个问题：要达成的目标是什么？实现目标的途径有哪些？这些途径里，最有效的那个是什么？

从 A 到 B 的目标一致（理目标），同时从 A 到 B 的方式和孩子一起去探讨（列途径），选择对实现目标最有效的方式（做选择）。相信当我们用这样的思维和孩子去互动，会收获更亲密的亲子关系，同时，也会收获做事更加高效的孩子。

思考与练习

1 通过文中小荣和妈妈沟通的范例，可以提炼出以下沟通的方程式：

A. 理目标：做这件事，要达成的目标是什么？

提高英语成绩

B. 列途径：除了做这件事，实现目标的途径有哪些？（列出三个以上的选择）

线上英语 App

早晚听

家长补课

线上外教课

目前在上的英语辅导机构 A

其他英语辅导机构 B，C，D……

C. 做选择：在这些途径里，最有效的途径是什么？

英语辅导机构 C

② 结合以上小荣和妈妈的案例，找到孩子行动力差的一件事例，和孩子讨论以下三点：

A. 理目标：做这件事，要达成的目标是什么？

....

B. 列途径：除了做这件事，实现目标的途径还有哪些？至少列出三项，写在下面的横线上：

....

....

....

C. 做选择：在这些途径里，最有效的途径是什么？请在下面的横线上写出你最后的选择。

....

5 马上行动，孩子高效行动的秘密武器

每位家长都希望孩子有很强的行动力，而调动一个人的行动力，最简单也最有效的方法就是不断重复和孩子强调“马上行动”。

某年的夏令营，在“说说我的一家”这个环节，小学六年级的诚诚用了老虎来代表妈妈，于是就有了下面的一段对话：

我问诚诚：“你想到了什么，才觉得妈妈是一只老虎？”

诚诚满是委屈地说：“我妈妈脾气很大，经常朝我发火，我感觉妈妈就是一只母老虎，我都快烦死了。”

我问诚诚：“妈妈一般在什么情况下会发火呢？”

诚诚想了好一会儿，说：“我和她聊天，迟迟不写作业的时候。”

我问：“你不开始写作业，会和妈妈聊什么呢？”

诚诚开始不好意思地笑，他说：“我不喜欢写作业，回到家，我就和妈妈聊天拖延一下时间，而在一般情况下妈妈不会允许我和她聊天的。但是，如果我和妈妈说我在学校的那些可怜事，妈妈就会允许我和她聊会儿天。比如我会和妈妈说班主任今天又占了我们的体育课，哪个同学今天又欺负我，我一说这样的不开心，妈妈就开始安慰我，我就可以晚点儿开始写作业。”

我问：“当你和妈妈说这些可怜事的时候，妈妈一般会怎么做？”

诚诚说：“刚开始的时候，妈妈会很有耐心地安慰我。安慰之后，看我还是不写作业，妈妈就开始发火了。妈妈一发火我害怕，就会马上写作业。”

我问：“那你觉得是妈妈爱发火，让你烦死了，还是你把妈妈给烦死了呀？”

然后，我看到诚诚咯咯地笑了起来……

在与诚诚的对话中，通过发问，我让诚诚看到真相：到底是妈妈爱发火，还是自己该做的事情迟迟不行动让妈妈发火？很多时候，让孩子发现真相并不是一件容易的事，潜意识的自我防御机制决定，我们的任何想法和任何行动都是站在自己的角度和立场来保护自己的。通过发问，不断抽丝剥茧让孩子清晰地看到问题，诚诚看到不是妈妈爱发火，而是因为自己不行动，让妈妈失去耐心之后才发火。

当诚诚换了一个角度来看妈妈的发火问题，我又给诚诚做了一个假设：如果你坐在书桌前抱怨半天，你的作业会不会完成了呢？妈妈可以不停地一直理解你安慰你，安慰你一天两天甚至更长的时间，然后，你的作业会不会就完成了呢？

诚诚不住地摇头。

是的，当我们持续地看着一件事情，无论我们看多久，这件事情都不会完成，唯一可以快速完成一件事情的秘密武器就是：马上行动。我告诉诚诚，在我们时间管理训练营中，它有一个专门的名字叫：吃掉那只青蛙。

“吃掉那只青蛙”最早由美国绩效思想家博恩·崔西先生提出，他指出：如果你每天早上醒来做的第一件事情就是吃掉那只青蛙，那么，你会欣喜地发现，这一天将没有什么比这个更糟糕的了。

这里的青蛙指的就是生活中最让我们感受到压力的事情。

诚诚学习了“吃掉那只青蛙”之后，每天晚上回到家，他就把架子鼓、书法、英语、数学、语文等作业列出清单，然后，就开始选自己认为最头疼的那只青蛙，吃完一只，划掉一只。

他惊喜地发现，当他不害怕去做某一项头疼的事情，而是迎难而上，勇敢瞄准那个最“丑”的青蛙，先从最有压力的事情做起，他可以快速行动高效率完成，而不是像以前那样总是拖拖拉拉。

“吃掉那只青蛙”这条马上行动法则，一方面能够让孩子在畏难时快速行动，避免无谓的时间浪费。更重要的是，选出孩子认为更难的那一项事情去做，这本身就减少了很多能量的消耗。

这里的能量消耗指的是什么呢？比如说孩子做好自己的学习清单，如果特意把他认为最难最有挑战的一件事情放在最后来做。这样做，在整个过程中，虽然他没有开始这件事情，其实这件事情一直在他的心里，给他压力。而“吃掉那只青蛙”倡导从最艰难的、最有挑战的一项事情开始，提升孩子迎难而上的能力，这时就减少了很多能量消耗。

作为家长，在孩子有了“吃掉那只青蛙”的思维方式之后，如果有一天孩子选择不吃青蛙，从最简单的事情做起，或者从中等难度的事情做起，我们也不必过于紧张或者惊慌，让孩子按照他的想法去排序，让孩子看到多种可能性，并和孩子保持觉知，随时分析哪一种做法效率更高。

在这个过程中，不在于孩子有没有选择“吃青蛙”，重要的是让孩子保持一份觉知，看到自己在如何做选择。作为家长的我们能做的就是给孩子呈现各种可能性，同时又把选择权交给孩子。不过对于孩子来说，有一点确定的是有好的方式，孩子必定追随。

思考与练习

1 孩子平时做事情，喜欢从最简单的事情做起，还是从最难的事情做起？或者从中间难度的事情开始？请在括号里标上“☆”号。

A. 简单事情　　　　（　　）

B. 最难的事情　　　（　　）

C. 中间难度的事情　（　　）

试着从最具挑战的事情开始，和孩子梳理今天的作业清单，选出今天最具挑战的那只青蛙是哪一只？请写在下面的横线上：

....

2 和孩子制订“吃青蛙”的周计划。

日期	今日最具挑战的青蛙	完成时间
周一		
周二		
周三		
周四		
周五		
周六		
周日		

3 一周后，和孩子相互分享“吃青蛙”之后有怎样的感受？

孩子的感受：

....

....

....

家长的感受：

....

....

....

1/ 通过本章的学习，我们了解到孩子的行动力受到情绪、责任心、奖励制度等的影响，你做了哪些调整使孩子的行动力有了很大提升？请写下你想到的三点：

2/ 通过理目标、列途径、做选择，当孩子感受到自己也是参与者并且也有选择权，就会很好地提升行动力。找到你最近做的比较好的一件事情，分析在和孩子沟通这件事情中，你做得好的地方有哪些？

3/ “吃掉那只青蛙”是孩子和成人高效行动的工具，观察孩子从哪些事情上已经开始使用“吃青蛙”，请把想到的事情写在下面的横线上：

4/ “情绪愉悦，动作就快”，这段时间孩子的行动力得到了很大的提升。请找到孩子近期三点最大的进步，并写到下面的横线上，当面读给孩子听：

第五章
专注力养成篇

——专注的孩子不分心，专心致志更高效

比尔·盖茨和巴菲特参加一个研讨会。现场有人提问："一个人成功的关键是什么？"他们并没有直接给出答案，而是在纸上写下了5个字母：F、O、C、U、S。

FOCUS，即专注；即把眼下最重要的事情做好；即一次只做一件事。

"一次只做一件事"，道理至简，却能量巨大。对孩子而言，他的专注力越集中，效率越高，时间管理的能力就越强。

哪些因素会影响到孩子的专注力呢？作为家长，我们应该如何帮助孩子提升专注力呢？有没有一些简单易学提升孩子专注力的方法和工具呢？在本章，我们通过了解影响孩子专注力的方方面面，让孩子的学习和生活专心致志更高效。

父母不焦虑，孩子才能更专注

专注是高效的前提，那么对孩子来讲，具体什么是专注力呢？

孩子的专注力，指孩子专心于某一件事情时的心理状态。一个身心放松有安全感的孩子更容易专注；反之，一个精神高度紧张心神不宁的孩子，他的专注力就很难集中。

康康是一个四年级的小姑娘，进入小学之后，老师就经常反映康康注意力不集中。

因为专注力的问题，妈妈还专门给康康在校外报了专注力课程。但几年下来，康康的专注力仍然没有得到好转。

四年级下学期的一天，老师再次反映康康的专注力非常差，她上课经常走神，老师提问完全不知所云。回想四年来经常因为专注力不集中被老师点名，妈妈再也控制不住自己，她回到家，把康康狠狠地揍了一通。

揍过康康之后，妈妈特别心疼孩子。她想抱一抱康康，谁知道康康快速推搡了一把妈妈，哭喊着说："你最好离我远点儿，我受够了！"那一刻，康康妈妈震惊了，她一手带大的女儿，竟然用这样的语气、这样的态度来对待自己？！

如果你是康康妈妈，听到孩子和自己说出这样的话，你会有怎样的感受呢？

当康康妈妈在家长课上提到冲突的场景，她非常痛心和震惊，她不明白康康到底是怎么了。

通过和康康妈妈的沟通，我发现她是一个非常焦虑并且火气特别大的人。

工作上，她非常拼命，忙起来经常要在九点后回家，她常和康康说的话是：“赚钱十分辛苦。18 岁之前，我和爸爸供你吃喝，但是 18 岁之后，你要自己养活自己。如果你不好好学习，能不能养活自己都是个问题……”

因为焦虑，康康妈妈也经常会和爸爸发生冲突，冲突的根源是她觉得康康爸爸太安于现状没有进取心。

看到妈妈和爸爸吵架，康康感到很心烦，她每天放学后就进入自己房间，除了吃晚饭的时间，她几乎不出房门。康康说，这样她便可以眼不见心不烦，她不想卷入爸爸和妈妈的争吵。

通过康康妈妈的表述，你感觉这是怎样的一个家庭呢？康康在这个环境中的感受又是怎样的呢？

当康康妈妈和孩子表达 18 岁之后要自己养活自己，内心是期待孩子能够知道生活的不易并因此好好学习，但她没有意识到，这种表达更多的是给孩子制造了焦虑。从小听着妈妈这套理论长大的康康，每听一次就感受到更多的惶恐和不安。

更重要的一点，康康妈妈和爸爸的关系紧张、冲突不断，这种状态让康康在家很难真正聚精会神，到了学校也会经常走神。我们继续以鱼缸作为例子，孩子是小鱼，而父母是鱼缸，鱼缸经常地动山摇，小鱼怎么可以做到淡定自若安定地专注自己要做的事情呢？

回看生活里的自己，你是一个焦虑的家长吗？你是否一不小心就给孩子传递了一些焦虑呢？焦虑背后真正的原因，你是否思考过呢？

晨晨是一个二年级的小男生，晨晨爸爸最近最大的困惑是：晨晨每天放学后都会玩平板电脑。

一天晚上，看到晨晨游戏时间结束，却依然没有要停下的样子，晨晨爸爸情急之下，把平板电脑狠狠地摔在了地上。

看着碎屏的平板，晨晨哭得歇斯底里，他心疼平板电脑，他也惊讶爸爸为什么会生那么大的气？

哭到最后，他还喃喃自语：“本来我都要马上停止游戏了，为什么不能等我一小会儿呢？”

晨晨爸爸在家长课上分享这件事情时，他满脸沮丧地说：“最近一个月每天都在提醒晨晨少看平板电脑，约定的时间结束，就必须停止，可晨晨一直做不到。”

看着沮丧和烦躁的晨晨爸爸，我问他：“看平板电脑会发生什么？”

他稍加思索说：“看平板电脑的时间久了，对眼睛不好。”

我又问：“眼睛不好，会发生什么呢？”

他回答：“那就需要戴眼镜。”

我又问：“戴了眼镜会发生什么呢？”

他回答：“那样长大后就业，很多的工作都会受限。”

我又问：“就业受限会发生什么呢？”

他回答：“那……找不到好的工作，就过不好这一生。”

当他说到这里，旁边的一位妈妈忍不住笑出声来。她指着自己厚厚的眼镜片，笑着说：“晨晨爸爸，看我厚厚的眼镜片，我现在小日子过得还不错呢！”

顿时，其他家长也都跟着笑了起来。

那一刻，晨晨爸爸才突然意识到，他的大脑人为地制造了一个恐惧：只要玩平板电脑就过不好这一生。这个想法极其隐蔽，藏在他的潜意识中。正是因为他的内心有这个想法，只要看到孩子玩平板电脑，他就会感到极度紧张。

但是，事实真的是这样吗？玩平板电脑真的就过不好这一生吗？

答案并不绝对。

大脑人为制造的这种让人信以为真的恐惧，是成人焦虑的根源。通过一步步的发问，我们可以看清楚焦虑背后的恐惧。当我们发现我们担心的事情并不成立，这时，我们的焦虑才会慢慢退去。

除此之外，当我们处于焦虑状态，我们不妨慢下来，把焦虑的事情拉一个长线，放在一个更大的系统中。比如孩子起床晚了，家长焦虑孩子没吃早餐影响身体健康，一路数落孩子没有按时起床耽误了吃早餐，结果，孩子烦，大人也烦。我们试试拉长时间线，用孩子整个的一生去看这件事情：一个人活了 100 岁，在他上小学时，有一顿早餐没吃。

没在家里吃这顿早餐，会对他的一生产生怎样的负面作用？反过来想，因为孩子耽误了吃早餐，我们责骂孩子，训斥孩子什么都做不好，就连吃饭都让大人操心，这一番操作会不会对孩子产生负面作用呢？当我们把时间线拉长，我相信家长都会看到不同以往的视角，平日里因为恐惧紧张，我们太容易掉到焦虑这个旋涡中，而忽略了跳出来从长线来看整个事件。

是的，父母不焦虑，孩子才能更专注。孩子是父母的一面镜子，慌慌张张心神不宁的父母，很难培养出气定神闲专注从容的孩子。同时，一个淡定从容临危不乱的父母会十分自然地把这份从容传递给孩子。

思考与练习

1 回忆生活中，你说出的会给孩子制造焦虑的话有哪些呢？列出三个，并写在下面的横线上：

……………………

……………………

……………………

②选出其中一个深入分析，你会发现这句话背后隐藏着你对孩子怎样的期待？如果用正向的方式去表达这个期待，你会怎样表达？请写出这句话：

③父母不焦虑，孩子才能更专注。孩子的专注在很大程度上受到父母焦虑情绪的影响，而跳出焦虑，用类似“孩子活了 100 岁，有一天没有吃早餐”这样更大的系统去看焦虑是缓解焦虑最有效的方式。

选择一件目前孩子时间管理上令你焦虑的事情，为自己的焦虑打分。（0~10 分，10 分焦虑程度最高）

A. 给自己的焦虑程度打分：

B. 试着把焦虑的事情放在更大的系统中去看，再次打分：

培养孩子的专注力，不打扰便是最好的陪伴？

孩子要专注于某一项活动，他需要调动身体的能量聚焦到这个事情上。举个例子：测试一个孩子阅读能力，我会让孩子读一篇小短文：当一个孩子的阅读能力不强，除了读得磕磕绊绊之外，大概率他的头会发烫。为什么头会发烫呢？这是因为他在调动身体所有的能量聚焦到脑部来完成阅读这件事情。这类孩子在读完之后，当被要求按照自己的理解复述一下，他很难复述出刚才自己读了什么。

这是为什么呢？

因为阅读本身已经耗费了大量的能量，他已经没有多余的能量分配到理解上，同时，所做的事情耗费的能量越大，孩子对这件事的专注力越需要刻意训练。有些家长可能会持不同的观点：有家长会说我的孩子专注力可好了，玩的时候很投入，出去玩一天全情投入，从来不分心；还有家长会提到孩子在看电视玩游戏时很专注，觉得孩子的专注力很不错；甚至有些家长用“不打扰就是对孩子最好的陪伴”来鼓励孩子乐在玩耍中的沉浸感。

事实上，专注力可分为：无意注意和有意注意。无意注意是没有预定目的、不需要意志努力、不由自主地对一定事物所产生的注意，做这类事情消耗的能量相对会比较少；而有意注意是自觉地、有预定目的的、需要一定意志努力的注意，是受人的意识调节和支配的。有意注意不仅指向人喜欢做和感兴趣的事情，更重要的是指向应该做或必须做，比如学习本身，当孩子在学习上遇上困难或不感兴趣的部分，也能聚精会神地完成，这就是有意注意，而有意注意消耗的能量相对无意注意就会高很多。

这时，我们再看前面家长提到的孩子很沉浸很专注，我们就更容易分辨孩子到底是不是专注力好。这里有个标准就是看孩子的专注是在玩上还是在学习这类耗费能量相对比较大的事情上。

那么，哪些事情耗费的能量小？哪些事情耗费的能量大呢？

刚才提到了玩，除此之外，吃喝拉撒睡等都是人的本能。人做此类事情的神经元网络原本就非常通畅，耗费能量少就会特别轻松，这种轻松就好比人驱车行驶在通畅的高速公路上。从这个角度上讲，孩子玩游戏看电视时很专注，只能说这条脑神经原本就畅通，在孩子不断玩不断强刺激的过程中神经元网络越来越粗壮，越来越通畅。这时孩子在这类事情上完全是一种自动化运作的状态，无需耗费身体的能量，并且身体放松且愉悦的状态会刺激孩子更愿意去做这件事。

而学习本身是一项需要后天习得的能力，需要耗费大量能量，这个过程就好比在泥泞小路上开车，耗费的能量相对就大很多。但当我们不间断的使用这条泥泞小路，这条路会越来越宽越来越坚实，最终达到耗费能量少的轻松状态，这时孩子会更容易在学习上产生沉浸感，也就是我们常说的学习上的专注力会更好。

笛子是一位三年级的小朋友，一年级开始就经常会因为上课走神而被班主任语文老师批评。妈妈也隔三岔五地接到老师的电话：要么是上课玩铅笔将近 20 分钟，课堂作业没完成；要么就是看上去在听课，眼睛却瞟向了窗外；要么就是看着书读了半天，老师提问她，她却一脸茫然。

最严重的一次是，老师让大家做两篇小短文阅读，大家都在刷刷刷做题时，笛子自顾自的捏起橡皮泥，班主任惊呆了。但班主任并没有立即喊她的名字，让她停止，而是远远的看着她捏橡皮泥的全过程，整整 13 分钟。当别的同学写完并陆续交作业时，笛子才反应过来自己的作业没有完成。

当老师把这一状态反馈给笛子妈妈，笛子妈妈第一瞬间就崩溃了。三年了，她一直觉得就算专注力再不好，随着年龄不断增长，她至少会越来越好。此时，听着老师不解且愤怒的声音，想象着孩子课堂上懒散飘忽的样子，笛子妈妈流泪了，她不明白自己为什么养了这样一个孩子，她甚至开始怀疑孩子是不是有其他的问题。

带着怀疑带着迷茫，妈妈带笛子来到了我的工作室，我给孩子做了专注力测试，包括听觉和视觉两个维度。我发现笛子的阅读能力出奇的差，整个阅读的过程中磕磕绊绊，尤其情景再现部分，所读内容的再现率仅仅为10%。看到这个结果，妈妈一脸不解，不知道这个结果到底意味着什么。

就像开头提到的，在阅读这件事情上需要耗费大量的精力去读，此刻，当她所有的精力都聚焦在读本身，她很难再腾出精力去理解所读内容。她读的越多就感觉到越累。

我们都知道，人都有趋利避害的本能，一旦觉得很累，人就会本能的选择逃避。笛子出现的上课走神便是一种逃避。看上去是孩子的专注力问题，而在专注力不集中这一表象的背后，阅读能力不足才是导致问题出现的根本原因。

笛子妈妈了解了事情的原委，很疑惑的说，“从小到大，每天晚上固定给孩子讲故事20分钟，孩子的阅读能力为什么会有问题呢？”我问妈妈：“听故事是锻炼孩子的阅读能力吗？”

妈妈这时才恍然大悟：原来自己一直在给孩子做听力训练，而非视觉训练，导致视觉专注力不够，一读东西就感觉很累。

在这里，之所以把阅读引起的专注力问题拿出来单独讨论，是因为当下太多像笛子妈妈一样的家长，误把听绘本、听故事等同于阅读，从而在孩子成长发育的过程中，对视觉的刻意练习不够。

教育心理学研究表明：眼睛是人类感官中最重要的器官，大脑中大约有 80% 的知识和信息都是通过眼睛获取的。同时，视觉系统在大脑中所占的皮层面积也是最大的，视觉处理中心一方面处理外界传来的视觉信息，另一方面又帮助这些视觉信息和其他感觉信息相关联，形成基本的认知。由此可以看出，视觉专注力在孩子学习中的重要作用，而听绘本训练的是听觉专注力，是不能代替阅读本身的。

更值得重视的一点是：有意注意在发展中，受大脑发展水平的影响，在孩子 7 岁时，随着大脑额叶的成熟，有意注意开始发展。在小学低年级时，孩子的无意注意已经非常成熟，而有意注意缺乏自觉性，需要他人提醒和约束，而到了小学高年级，孩子的有意注意会快速发展，并逐步成熟。阅读等任何学习活动，都离不开有意注意，而有意注意的能力是需要刻意训练的。

如何去培养孩子的专注力呢？我们可以参考以下两种简单易操作的游戏：

1. 连连看——钟表游戏

ⓐ 1 分钟训练：

（1）具体操作：让孩子盯着钟表，观察秒针走动，让孩子 1 分钟之内眼睛始终盯着秒针。

（2）时间间隔：结束后，间隔 20 秒左右，再开始下一轮 1 分钟的训练。

（3）时间长度：每天 10 分钟，做 5~7 轮。

ⓑ 3 分钟训练：当孩子可以轻松专注 1 分钟，可以延长到 3 分钟。

（1）具体操作：让孩子盯着钟表，观察秒针走动，让孩子 3 分钟之内眼睛始终盯着秒针。

（2）时间间隔：结束后，间隔 20 秒左右，再开始下一轮 3 分钟的训练。

（3）时间长度：每天 10 分钟，做 2~3 轮。

Ⓒ 5 分钟训练：当孩子可以轻松专注 3 分钟，可以延长到 5 分钟。

（1）具体操作：让孩子盯着钟表，观察秒针走动，让孩子 5 分钟之内眼睛始终盯着秒针。

（2）时间间隔：结束后，间隔 20 秒左右，再开始下一轮 1 分钟。

（3）时间长度：每天 10 分钟，做 1~2 轮。

2. 闪闪快——舒尔特方格

舒尔特表格，是目前最科学、最有效的专注力训练法，如下表：

20	12	21	2	22
11	5	19	16	24
14	13	1	23	4
6	8	18	3	9
17	7	10	25	15

（1）具体操作：在一张白纸上，画上 5×5 的正方形表格。将 1~25 的数字打乱，让孩子按照数字 1~25 的顺序依次指读出数字，并计时且记录。

（2）时间间隔：结束后，间隔 10 秒左右，再开始下一轮指读并计时。

（3）时间长度：每天 5 分钟。

（4）达标时间：进入 10 秒后，可以换下一组继续练习。

这个表格还可以根据难度和自己的喜好做出变形，比如如果一开始觉得困难，可以先做 3×3、4×4 的表格，后面再逐渐增加难度，玩 5×5、6×6 的表格，以此类推，难度可以递增。一般对于 5×5 的舒尔特方格，经过一段时间的训练进入到 10 秒，则说明这个孩子的专注力水平已经是中上水平了。

家长还可以跟孩子比赛，比比谁用的时间更短，使游戏更有趣味。如果需要获取电子版表格，大家可以在“荣美地家庭成长中心”公众号留言：舒尔特表格。

思考与练习

1 选择“连连看——钟表游戏”和“闪闪快——舒尔特方格”中的任意一个，每天练习 5~10 分钟，长期坚持训练来提升孩子的专注力。

孩子的选择是：……………………

每日训练时长（分钟）：……………………

2 以周为单位，跟踪记录孩子的进步。

钟表训练跟踪记录表　第（　）周

项目 \ 完成（　）轮 \ 日期	周一	周二	周三	周四	周五	周六	周日
1分钟							
3分钟							
5分钟							

· 周总结 ·

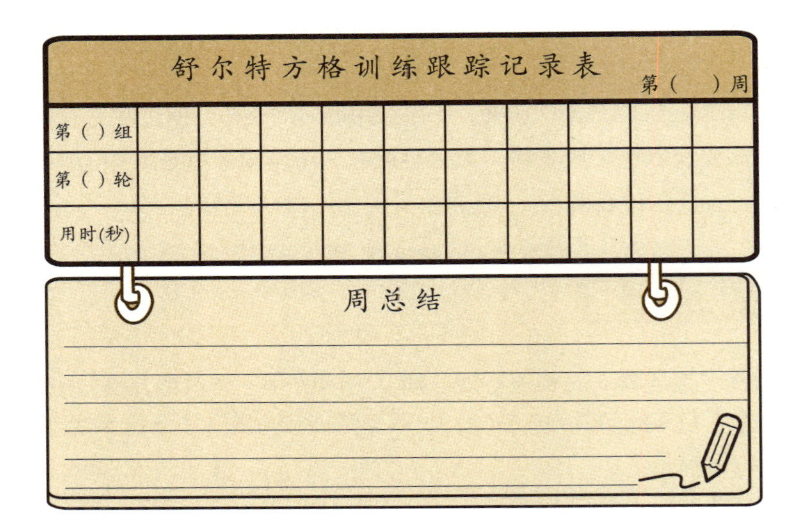
舒尔特方格训练跟踪记录表

第（ ）周

第（）组										
第（）轮										
用时(秒)										

周总结

❸ 无论选择“连连看——钟表游戏”，还是“闪闪快——舒尔特方格”，和孩子提前做好以下约定：

A. 每坚持 21 天，孩子得到的庆祝是：……

B. 为了更好地坚持，孩子需要妈妈或者爸爸的帮助是：……

3 孩子能专注，精力管理是基础

我们了解了专注需要消耗能量，也就更容易理解精力管理是专注力的基础。一天到晚精力不足随时可能睡过去的孩子，谈不上真正的专注状态。

一提到精力管理，大家都比较容易想到早睡早起，规律作息，增强体育锻炼等，这部分家长的意识普遍较好，在这里，不做过多的阐述。这里更多的是从当下孩子的生存状态切入，让大家看到平时不被察觉的部分。

自然状态下，一个孩子的精力管理就是累了就睡，醒来就做事。

但是，现在这种状态在小学生身上已经不太容易发生了。他们的精力管理几乎完全是由家长来安排的。比如一个孩子今天在体育课上踢了前锋，运动量极大，回到家全身无力，希望能先休息一会儿。家长一般也能同意孩子休息一会儿，但大多数的家长内心会着急，想知道你什么时候休息完？并且会忍不住提醒他暗示他，你得抓紧时间写作业，写完作业还有架子鼓，打完架子鼓还需要练字，否则，晚上就要睡得很晚。

这样一来，孩子本身精力管理系统是紊乱的，他需要听从的是家长的指令，而不是身体的信号。在这种状态下孩子是很难专注地去学习，或者说即便去学习，孩子的学习效率也是很低的。

人的身体是有足够的智慧的，同时也有自己内在的规律性。当下社会节奏快，家长压力大，在无形中又把这种压力传递给了孩子，我们对孩子时间和精力的过度参与，让孩子无法真正感知到自己身体的诉求，或者哪怕感知到了，也很难听从身体的声音。长期来看，这种状态会严重影响孩子的精力管理，严重时会导致孩子身体机能的紊乱。

豆豆是一个二年级的小朋友。

豆豆的妈妈带着豆豆来咨询时，告诉我，豆豆无论上什么课，总是精神恍惚的样子。学校老师包括校外机构的老师都纷纷向豆豆的妈妈反馈，40分钟的一节课下来，他能集中精力的时间都不到10分钟。为此，妈妈没少揍过豆豆，可是，揍了豆豆不但不起作用，反而越来越差。

我问妈妈都给孩子报了什么校外的特长班，妈妈一个个如数家珍：

小男孩，运动的得有吧？报了足球和跆拳道班。

得懂得审美吧？美术报了一个。

得有点音乐细胞吧？报了个钢琴班。

是不是还得修身养性坐得住？还在上着围棋课。

关键他说话吐字不清，是不是得给他补补短板？学个小主持？

关键这孩子写字也很不好，写字很重要啊，是不是也得练练字？报了写字班。

……

妈妈滔滔不绝，似乎她报的每一个特长班都是不可缺少的，同时，她安排的逻辑又是非常严密的。

正在看书的你，在豆豆妈妈身上有没有看到自己的影子呢？你是不是为了孩子的德智体全面发展，也给孩子安排了一些特长班呢？或多或少都会有。同时你给孩子安排了几个呢？最后，豆豆妈妈做了总结：“豆豆在上的校外课程，一共是7个。周日是固定休息时间，周六3个，平时4个。”

这种安排看似严谨，对孩子大脑产生的影响是什么呢？

事实上，我们大脑中的神经兴奋和抑制中枢，从开始做一件事情到慢慢进入兴奋状态，然后到慢慢平静下来，需要一个周期。

当一个人在兴奋—抑制中频繁切换，大脑便会处于非常混乱和无法集中的状态：比如周末，孩子在踢足球的兴奋中尚未停止，然后又被带入画室，但他的大脑的上一个足球兴奋点尚未结束。等他慢慢平复下来，刚开始进入到画画的兴奋中，然后可能又被带去上了英语课。在这个过程中，看上去孩子有些时间是在神游，实际上是孩子大脑切换需要时间。长时间密集高频切换，就会出现豆豆那种精神恍惚，看上去对什么都不感兴趣的状态。

那为什么豆豆妈妈会给豆豆报了那么多的特长班呢？

在和豆豆妈妈的深入沟通中，她告诉我，她小时候没有上过任何的特长班。从小到大的班级活动中，她永远是角落里的那个灰姑娘，因此，她总是感到非常自卑。

她总是在给别人鼓掌，却不愿意让儿子成为她的样子。可是具体让孩子学什么呢？她自己也不是很明确。于是，她一口气给孩子报了7个特长班。

如果我们不知道自己想要的是什么，或者更确切地说，我们不了解孩子的天赋，不知道孩子内心真正的声音是什么。无论选择多少个特长班，我们依然还是焦虑的，依然感觉还不够，总想再抓住点什么。

但事实上，孩子时间精力有限的情况下，我们到底可以选择多少个特长班呢？豆豆妈妈正是在这种焦虑之下，什么都想抓；在豆豆的身体都出现透支的情况下，依然觉得还不够。

当我问到豆豆妈妈选择这些班的标准是什么？

豆豆妈妈和我说了一下：

听孩子同学妈妈说自己家孩子上了足球课，足球课老师拿过很多奖，他的资历很好，于是，她给豆豆报了足球课。

听孩子另外一个同学妈妈给孩子报了美术课，推荐说美术老师理念不错，于是，她又给豆豆报了美术课。

听孩子其他同学妈妈给孩子报了钢琴，说钢琴学校可以推荐孩子参加各种竞赛，于是，她又给豆豆报了钢琴课。

……

当我们没有自己的目标，大概率我们都会随波逐流的，就像豆豆妈妈这样，我们所挑选特长班的标准就是看别人在学什么。

事实上，孩子的德智体美劳全面发展确实是需要的，必要的特长班也是需要的。同时，在孩子精力有限的情况下，家长能够智慧地断舍离十分重要。如何在保障孩子精力的同时，又能让孩子德智体美劳全面发展呢？到底哪些课程需要安排，哪些课程不需要安排呢？

我们静下来思考会发现，安排或者不安排，安排哪一种特长班，都是实现目标的途径。那我们让孩子学习特长，最终的目标到底是什么呢？也就是说我们最终想要一个什么样的孩子？

我们经常说以终为始，站在生命的终点去看待今天所发生的一切，我们就更有智慧去决定我们如何去做选择，孩子今天上的特长班也是这样。

没有一个时代能和今天这个特长班遍地开花的时代相媲美，无论你想到的还是想不到的，社会上形形色色提升各种能力的特长班应有尽有。面对那么多的选择，我们到底如何选，选什么？当我们带着自己的目标去挑选，这时候所有的特长班都是成就孩子更好未来的资源。当我们明确了目标，孩子的精力管理自然也就得到了解决。

思考与练习

1 列清单：列出孩子目前在学的特长或者家庭安排学习的特长有哪些？请列出：

德：

智：

体：

美：

劳：

② 写评估：为了让孩子德智体美劳全面发展，哪些是孩子需要但并没有安排的？写出 2~3 个，并写在下面的横线上：

③ 做选择：根据孩子的时间和精力，和孩子达成一致：

A. 需要保留的特长班或者家庭安排有哪些？请写在下面的横线上写出来：

B. 要达到平衡状态，你发现实现某些目标还有其他的途径，把你想到的其他的途径写在下面的横线上：

4 不同的孩子，专注力类型也不同？

很多父母觉得孩子的专注力差，影响孩子做事效率。一旦老师反馈孩子上课的时候不看老师，总是摸橡皮，身体总是扭来扭去等问题，家长就会一遍又一遍地去纠正孩子，提醒孩子上课一定要专注。

一般来讲，我们认为孩子的专注力好，就是上课时看着老师的眼睛，积极主动参与课程互动。事实上，人的专注力也分为了不同的类型。

茗茗进入小学后第一周，老师就和妈妈反馈茗茗专注力不够好。上课不看老师、不看黑板，总是东张西望，不仅自己听讲不专注，还容易对同学产生干扰。老师提醒妈妈回家一定要注意训练孩子的专注力。

一开始妈妈还比较淡定，当老师接二连三打电话提醒妈妈这个问题时，妈妈终于沉不住气了，一时间，全家人都开始焦虑孩子的专注力问题。每天上学前，妈妈都会紧张地再三嘱咐茗茗今天上课一定要专心，别总是东张西望，好好听课。

慢慢地，茗茗开始对上学充满了恐惧，一早醒来，就开始说自己不想去上学。在老师的压力下和茗茗的恐惧中，茗茗妈妈感觉思绪非常混乱，她不知道自己应该从哪里开始改善。

当茗茗和妈妈来到我的工作室时，妈妈就在边上小声提醒茗茗：和老师打招呼，要看着老师的眼睛。

我发现茗茗在和我交谈中，她会有意识地努力看着我的眼睛，但放松状态下，她的眼睛很自然地看向前方，而左耳朵会不经意地朝向我。但对于我问的问题，她可以很好地捕捉并做出精准的回答。

在日常生活中，你有没有接触过和茗茗类似的孩子或者朋友？

你感觉对方没有看着你，或者他和你一边说话还不停地去捏捏手中的毛绒玩具，但对于你的提问，他却能对答如流。

这种状态和孩子专注力的类型有关，按照信息捕捉方式的不同，我们可以把专注力分为三种：视觉型、听觉型、感觉型。

视觉型是人群中比例最多的一类，大约占到人群的70%~80%。视觉型的人在和对方说话时，喜欢看着对方的眼睛；在色彩上来讲，视觉型的人比较喜欢鲜艳的颜色；另外，我们经常说的以貌取人，或者出门买东西，不问性能看颜色，大概率地会发生在视觉型的人身上。

听觉型的人在人群中比例较少，大约可以占到10%。听觉型的人，在和对方交谈时，习惯性地用耳朵听，一旦被要求认真看着对方，反而很难听清楚对方到底在讲什么。听觉型的人思维相对理性，出门买东西，会详细研究说明书，并乐在其中，看得津津有味，这类人大概率是听觉型的人。

感觉型的人在人群中占到10%~20%，感觉型的人与人交往时，喜欢有肢体动作或者喜欢做些小动作。比如牵手或者挎着对方的胳膊；出门买东西，喜欢通过触摸来感觉，特别在意材质和手感；说话时，经常会说我感觉或者感觉不错之类。

在孩子的求学阶段，视觉型、听觉型、感觉型的孩子分别的特点是什么呢？

视觉型的孩子最显著的特点是在老师讲课时会认真看着老师的眼睛，即便他走神了，他也很认真地看着老师的眼睛。这种类型的孩子给人的感觉是持续专注且认真的，他们会经常受到老师的表扬。

听觉型的孩子若是一直盯着老师看，反而很难听明白老师在讲什么，因为他们习惯性地把耳朵朝向声源，表面上看，他没有和老师互动，但是老师讲的内容却统统可以进入他的大脑，这也是为什么老师叫到他们，他们随时可以对答如流的原因。

感觉型的孩子喜欢上课时手里拿个小物件，比如橡皮、笔帽或者纸团，他们通过这种形式创造一种轻松的感觉。这种状态会让孩子更轻松地获取知识，但是一旦拿走了他手上的东西，他就会浑身不舒服，总想找机会再拿个别的东西，专注力反而更容易被分散。

视觉型孩子更容易适应上课的设置，对听觉型和感觉型最大的挑战就是像茗茗那样被误以为听讲不认真，老师一旦关注到了，就会负责任地提醒家长，让孩子感觉到很苦恼的是："别人都能做到，为什么我总是管不住自己呢？"进而陷入深深的自责内疚和怀疑中。而在这种状态下，孩子的专注力水平不会得到丝毫的改善，在学习上的自信却面临极大的挑战。

茗茗妈妈在了解到视听感这一理论后，结合茗茗平时上课以及在生活中的表现，了解了茗茗是听觉型的孩子，不是孩子的态度有问题，只是需要在视觉上多一些锻炼。

妈妈也跟茗茗做了很好的沟通，得到妈妈理解的茗茗，信心大增，她不再认为自己是个有问题的孩子了，对自己的接纳度也越来越高。之前妈妈一说她专注力不集中，她就感到烦躁不安。现在她明确了不是自己专注力不集中，而是她的学习优势是听觉，需要重点锻炼的能力是视觉。

在妈妈的帮助下，她制定了提升视觉能力的目标：比如每天上学路上刻意观察路边的指示牌、广告牌，比如通过水彩课等刻意训练自己的视觉观察能力。

视听感理论重点不在于解决问题本身，因为这个阶段看上去的问题，在孩子未来的工作中有可能成为孩子的优势。比如听觉型孩子的严谨，有可能让他日后成为一个出类拔萃的精算师；而感觉型的孩子敏锐的感受性有可能让他成为一个优秀的心理咨询师。

视听感理论的重点在于当老师反馈孩子专注力不好时，父母对孩子能够多一分理解多一分淡定。能够先停止对孩子的说教和指责，停下来去观察去思考，孩子到底是真的不专注还是他的专注力类型让他看上去不专注。同时，当我们找到孩子的薄弱点，并在生活中有意识地帮助孩子去锻炼，帮助孩子把自己的短板给补上，这时，孩子的专注力自然就会得到改善。

思考与练习

1 通过了解视听感三种类型，你属于哪种类型？你的爱人和孩子又属于哪种类型？

你的类型：……

爱人的类型：……

孩子的类型：……

2 针对孩子的专注力类型，回想孩子以往的表现，你似乎更理解孩子了，你想到了什么呢？

……

……

3 为了锻炼孩子视听感中的某一项能力，接下来，你做出的安排是什么？

想要锻炼的能力是：……

接下来要做的安排是：……

5 番茄工作法
——让孩子专注的神奇工作法

番茄工作法最早是由意大利人弗朗西斯科·西里洛提出，它是简单易行的时间管理方法。

在使用番茄工作法时，首先选择一个待完成的任务，设置25分钟工作时间，过程中专注；直到番茄钟响起，短暂休息5分钟之后，然后开始下一个番茄钟。

对于小学生而言，可以连续工作两个番茄钟，即学习50分钟，休息10分钟。连续2个番茄钟后，不建议再继续工作。细心的你会发现孩子在学校的上课时间表就是典型的番茄工作法。

我们经常在劝诫孩子要专心：在该玩的时候玩，该学的时候学；我们也经常说要劳逸结合，工作一会儿，休息一会儿。无论对于家长还是对于孩子，番茄工作法并不陌生。但是，番茄工作法背后真正的原理是什么呢？为什么它可以帮助孩子实现专注呢？

这里面和两种状态有关系：一是结合，二是抽离。

我们通过苏轼《题西林壁》中的两句诗来感受一下“结合”：“不识庐山真面目，只缘身在此山中。”比如此刻你正在专心读这本书，这个专注的状态我们称之为结合。在这个状态里，我们完全和读书在一起，这种结合的状态就是苏轼诗中所说“身在此山中”。

那“抽离”具体是什么状态呢？抽离需要当事人从这个事情本身中跳出来，来看到自己。

比如刚才正在看书的你，“身在此山中”的你，看书的状态如何？你刚才是100%地投入吗？你是否有走神的情况？又比如刚才在专注写作业的孩子，我刚才写的字是否工整？我刚才是否全身心投入？除了目前在做的作业，接下来，我是否还有其他更紧急的事情？

“结合”和“抽离”两者之间的关系是什么呢？

结合状态之下，一个人看不到自己在干什么；一旦他看到自己在干什么，开始分析干得如何，此刻已抽离。

那么，我们该如何更好地使用番茄钟呢？如何更好地使用“抽离”和“结合”两种状态呢？

菡菡是一位四年级的小女生，她在时间管理训练营中学习了番茄工作法之后，她激动得像是发现了新大陆。

从那以后，每天放学回到家，她就把作业列出一个清单。然后从中选出一项，定上25分钟的番茄钟，开始专心写作业。每次按下倒计时器，她就感觉自己在和时间赛跑，在这段时间里，她集中精力去写作业。

几次之后，她发现以前需要用一两个小时才能做完的作业，其实根本就用不了一个番茄钟。番茄钟帮助她大大提升了学习效率，更重要的是，因为效率高了，她每天省出来很多自由支配的时间，这让她感到欣喜若狂。

除此之外，菡菡对番茄工作法还有个妙用，她把番茄工作法中的抽离和结合很好地用于学校的作息时间：上课的时候，她就认真听课，跟着老师的思路高效学习；下课的休息时间，除了喝水上厕所短暂休息之外，她还给自己设计了“休息三问”，她会这样问自己：在刚刚结束的40分钟时间里，菡菡有没有按照老师的思路积极思考？给菡菡的投入度打个分的话，可以打几分？（0~10分，10分为满分）在接下来的课程中，你觉得菡菡可以提升的一个地方是什么？

这样坚持了一段时间后，老师发现菡菡的专注力非常强，更重要的是，因为她的“休息三问”，她每天都无数次地自我反省和持续精进，

使老师能够明显感受到菡菡每天的进步。

一个“结合”状态的人是卓越的，一个“抽离”状态的人是智慧的。这样的结合能让我们全神贯注，大大提升自己的效率，抽离能让我们不断思考并及时调整自己。

番茄工作法把大块时间切割成一个个的小单位，让我们每 25 分钟就抽离出来看自己，一旦我们有需要调整的地方，下一个 25 分钟就可以及时地调整。但在现实生活中，我们不容易有这样的思维方式，我们工作了一天，一个月，甚至一年，我们也没有机会停下来好好地抽离出来，看见自己，分析自己，并提出方案精进自己。

我们的人生不止需要奔跑的勇气，更多时候，我们还需要有停下来的智慧。番茄工作法给我们畅快奔跑的时间，更给我们停下来反观自己的智慧。小到一节课，大到一生的长度，我们都需要有一个番茄时间。

作为父母，我们无法给予孩子我们自己没有的东西。当我们活出那份“结合”时心无旁骛的卓越，活出那份“抽离”时运筹帷幄的智慧，相信我们的孩子也能活出那份专注、淡定和从容，从而拥有更加幸福的人生。

思考与练习

❶ 给孩子准备一个番茄钟 / 计时器，避免用手机计时。和孩子一起讨论用手机计时，我们可能受到的干扰有哪些？尝试写出三条：

A. ……………………

B. ……………………

C. ……………………

2 在固定的时间和固定的地点写作业，孩子每天写作业的固定时间是哪段时间？请你写下来。

……………………………………………………………………

……………………………………………………………………

3 结合番茄工作法，参考下表和孩子一起制订出放学后的学习计划。（可以每 25 分钟，休息 5 分钟；也可以每 50 分钟，休息 10 分钟）

每日学习计划表

番茄个数	时间跨度	计划完成事项	是否完成（完成打√）	计划用时（分钟）	实际用时（分钟）
①	～				
	(　　)分钟	休息			
②	～				
	(　　)分钟	休息			
③	～				
	(　　)分钟	休息			
④	～				
	(　　)分钟	休息			
⑤	～				

本章小结

1/ 父母不焦虑，孩子才能更专注，从而更好地提升学习效率。在学习本章后，你在哪几点上调整了自己并缓解了自己的焦虑？请将你想到的三点写到下面的横线上：

....

....

....

2/ 提升孩子的专注力，仅仅不打扰是远远不够的，我们还要刻意训练孩子专注在枯燥事情上的能力。通过“连连看——钟表游戏”或“闪闪快——舒尔特方格”，你发现孩子最大的进步是什么？请你写下来，并告诉孩子。

....

....

3/ 番茄工作法是提升孩子专注力的实用工具，可以很好地帮助孩子提升学习效率。只要开始使用，孩子就会尝到甜头，从而更加愿意坚持使用。当孩子开始使用后，作业时间也会极大地缩短，请和孩子一起回忆并用数据让孩子看到自己的进步：

在使用番茄工作法之前，每天作业需要的时间长度是：..............（分钟）

在使用番茄工作法之后，每天作业需要的时间长度是：..............（分钟）

4/ 学习时间管理到第五章，我相信，无论是孩子还是家长，在时间管理水平上都有了不同程度的提升。请全家人一起讨论，并把看到的彼此的进步告诉对方：

爸爸的进步有（妈妈和孩子填写）：

....

....

....

妈妈的进步有（爸爸和孩子填写）：

....

....

....

孩子的进步有（爸爸和妈妈填写）：

....

....

....

第六章
坚持力提升篇

——把时间管理养成习惯，从“知道”到“做到”

布洛克：很痛！

教练：别放弃！要尽力！

布洛克：他很重！

教练：我知道。

布洛克：我快没力气了！

教练：那你就再找更多的力气！

布洛克：很痛！

教练：我知道很痛，你快继续吧！

布洛克：我的手臂像有火在烧！

教练：让它烧吧！

布洛克：这实在是太困难了！

教练：不会太困难，继续，加油！

……

这是励志短片《永不放弃》中的一幕，布洛克背着 80 公斤的队友爬完了 100 米。一个普通人激发潜能，坚持到底达成目标的过程让人感动，但更让人感动的是，布洛克爬行过程中，他的教练始终跟随在他的身边陪伴他，鼓励他，并为他喊了 13 次"对了"、15 次"加油"、23 次"别放弃"、3 次"不要停"、48 次"继续"……

让孩子养成时间管理的好习惯，真正从“知道”到“做到”，我们需要培养孩子的坚持力。哪些因素会影响孩子的坚持力呢？在孩子坚持的道路上，你是否愿意成为布洛克教练那样的人，持续不断地给孩子加油打气呢？

 1 孩子坚持的路上，总结复盘有多重要？

古希腊哲学家苏格拉底说过：“没有反思的人生不值得过。”

孩子在学习时间管理之后，掌握了一些工具和方法，因此，不断坚持去使用很重要。同时，在坚持的过程中，不断地去反思和精进是一件更重要的事情。

在反思的过程中，我们可以借助一个非常好用的工具：PDCA。

P（plan）：计划

D（do）：执行

C（check）：检查

A（action）：整改

PDCA 常用于企业管理中。比如说，我们家长或者小朋友可能会喜欢喝酸奶，那么酸奶从配方设计到销售到超市，它的生产到上市是一次就能成功吗？

有这种可能，但这种可能性很小。一种产品的最终上市，是经过很多次的不断改进，才能最终上市。

首先，厂家规划要做一款什么口味的酸奶（P）；然后，研发人员开始根据需要制定配方，生产部门根据配方生产小批量的酸奶（D）；

检测人员检测口味成分等是否符合要求（C）；提出整改措施，进行下一个小批量生产（A）。

不只是饮料，任何产品的生产都需要围绕着四点去做：计划、执行、检查、整改，循环几次 PDCA，最终，生产出合格的产品。

儿童的时间管理是一个很长的过程，不是说我今天知道了，明天就可以做得很好。实际上，我们也同样需要 PDCA 这样一个过程，才能实现螺旋式上升，最终掌握时间管理的技能，让时间管理成为我们生活的一部分。

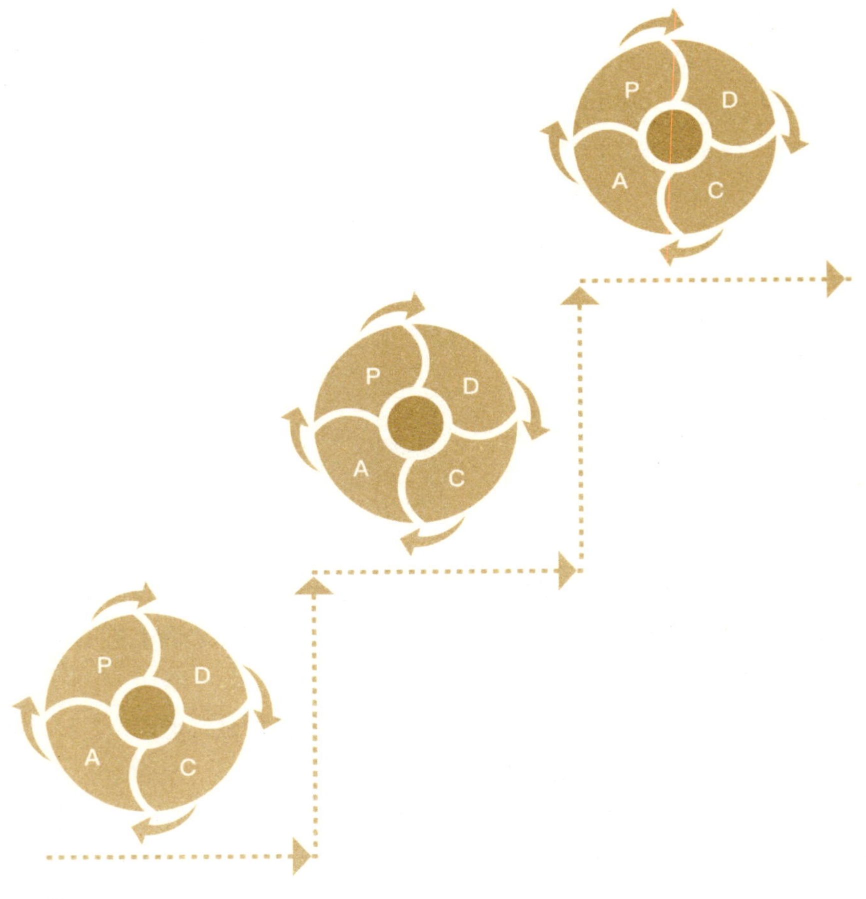

权权是一个四年级的小朋友，在来训练营之前，权权每天放学之后总是因为玩而把作业拖到很晚才完成。偶尔还故意不写作业，老师三天两头地找家长，这让爸爸妈妈非常头疼。在枯燥而漫长的作业和爸爸妈妈的耳提面命中，权权对学习越来越厌恶。

在时间管理训练营，权权学会了用番茄工作法制订每日计划，每晚按照番茄钟，一项一项地完成计划。

每周六晚八点，爸爸妈妈就和权权一起来对照这一周的每日计划，结合 PDCA 来对自己的一周做总结。

总结的格式也非常简单，妈妈会问两个问题：第一，关于每日计划，这一周里做得好的地方是什么？第二，一周下来，关于每日计划，你需要提升的地方是什么？

8 周后，权权每天回到家，就可以独立按照自己做的计划去执行，班主任非常惊讶在短时间内权权发生的变化，并几次在班里公开表扬权权进步神速。

权权在学习上的自信也慢慢建立起来。

事实上，PDCA 这一提升自己的方式，如果我们留意，会发现不只是在工作和学习中，生活中的 PDCA 也无处不在。比如做饭、化妆、与孩子的沟通等。当我们运用 PDCA 的思维方式，会发现每次都是不一样的，每做一次都会有提升。实际上，很多时候我们用了 PDCA，但并不知道自己在用，这种无意识的状态，有一个弊端就是我们没有办法随时随地去利用它。就比如我们做红烧茄子时，可能数十年都是一种做法，因为我们从未有过这种思考：红烧茄子还可以通过 PDCA 不断精进。再比如我们和孩子沟通，一直在重复使用旧的方式，因为我们也从未思考过：原来沟通方式也可以通过 PDCA 不断精进。

我们经常用陀螺形容人生。

是的，当我们没有有意识地使用 PDCA，那么，我们生活的每一天都在原地打转。这也是为什么很多成年人在长大之后，会不断感叹数十年如一日。

为什么人们会感觉数十年如一日呢?

就是因为在这十年里，没有发生太多新的变化。至少没有有意识地去不断创造变化。茄子就该这样吃，土豆就该那样吃，黄瓜这样吃……

数十年如一日，一直在用同样的做法、同样的餐具、同样的调料，吃着同一种食物。但一旦我们脑子紧绷着一根弦儿，告诉自己我每一天所做的这道菜要比前一天更好一些。当我们有了 PDCA 的思维，这时就可以调动我们的潜意识不断去思考，去找到更优化的方案去提升这道美食。

用固定的思维去做事，数十年如一日，过一成不变的生活是一种选择；用成长型思维去生活，每天带着对生活的热情和激情告诉自己不断精进，也是一种选择。在孩子学习时间管理的路上，我们同样要保持成长型思维，边学习边精进。只有这样，我们才可以在坚持的路上，一步一个脚印地提升自己。

思考与练习

1 PDCA 无处不在，比如做饭、化妆、和孩子的沟通等，和孩子一起回忆，以往生活中你、爱人和孩子无意识使用 PDDA 的场景有哪些呢？请写到下面的横线上。

你的应用：

爱人的应用：

孩子的应用：

2 结合 PDCA，回顾你开始阅读此书后，你、爱人和孩子在时间管理上都有了很多的提升，思考每个人做得好的地方是什么？

你做得好的地方有：

爱人做得好的地方有：

孩子做得好的地方有：

③ 结合 PDCA，想要继续提升时间管理能力，接下来，全家人可以马上行动的一个点是：

你可以马上行动的点是：

爱人可以马上行动的点是：

孩子可以马上行动的点是：

2 孩子是否能坚持，父母的正向强化很重要

当孩子开始学习时间管理，学习到了新的理念和方法，比如知道了如何制订计划，知道了番茄工作法，知道了该怎样吃掉那只青蛙。但是，孩子是否可以坚持使用这些工具，是否可以持续进步，和父母看到孩子的进步，并将这些进步反馈给孩子紧密相关。

一铭是一个小学三年级的男生，上完时间管理训练营的第一周，他特别兴奋。

他制定了每天放学之后的番茄时间表，结合吃青蛙，每天先从最困难的那项作业开始，在一周的时间内，他做作业的时间从以前的3小时，下降到50分钟，他对自己特别满意。

在整个过程中，爸爸和妈妈看在眼里，乐在心里，他们能够感受到孩子在学习之后状态的明显变化，但他们什么也没有说。因为爸爸妈妈觉得学习了去实践这是应该的，同时也担心夸奖会让孩子骄傲翘尾巴。

从第二周开始，一铭的状态明显没有第一周那么好，他做作业的时间又开始增加到90分钟。这时爸爸和妈妈不高兴了，他们狠狠地批评一铭："你怎么又不计时了？老师教给你的番茄工作法呢？难道你都忘了？""你怎么回事？学的东西就只管一个星期？""你这样下去，又回到了老样子，给你报了时间管理训练营又有什么用？"

一铭在爸爸妈妈的质问下，对自己学的时间管理的理念和方法越来越烦躁，原本都是自己很喜欢的工具，现在爸爸妈妈一提到就感觉是个噩梦，就更谈不上使用这些工具了。

我们常说知易行难，其实，无论对于孩子还是对于家长，从“知道”到“做到”之间隔着一个太平洋的距离。当孩子开始时间管理训练，无论孩子的起点在哪里，家长都期待孩子能够用最快的时间达到理想状态，但我们忽略了从“知道”到“做到”之间需要时间的积累和沉淀。

就像一铭的父母一样，当他在第一周把作业时间从 3 小时缩短到 50 分钟，爸爸和妈妈担心夸奖他会让一铭骄傲翘尾巴，所以他们什么都没有说。还有一些家长认为，你学习了时间管理，做得比以前好，这不是理所应当的吗？在我的家长课上，我会发现大部分家长在孩子做得好的时候认为是应该的，什么也不说；一旦有一天，孩子做得不好，那还了得？就得赶紧说一下，生怕说一遍记不住，还得多说几遍。导致的结果就是做得好，没人关注你；做得不好，都来关注你。

在整个过程中，我们恰恰把事情做反了。我们需要更多地关注做得好的“正向”部分。

在时间管理学习初期，当我们总是做“负向强化”，便严重破坏了孩子在这件事情的“好感觉”，导致孩子觉得“我不行，我做不好这件事情”。当孩子对自己产生怀疑甚至自暴自弃，他就很难在这件事上继续坚持。但事实上，大人孩子都一样，“感觉好才能做得好”，孩子做得好的时候，我们“正向强化”他做得好的部分，这样一来，给他的“好感觉”会他让他觉得“我很擅长做这件事，并且我有能力做好这件事情”，从而更愿意去坚持。

也就是说，孩子“好感觉”的建立也是有规律可循的，那就是：做，做到，给予肯定。帮助孩子建立“好感觉”的过程在我们的家长课上称之为小鱼文化。

什么是小鱼文化呢？我们用驯兽师训练小海豚的场景来感受一下。

当我们去水族馆看演出，我们经常会看到可爱的小海豚们整齐划一地在高空做各种流畅而漂亮的顶球动作，我们会欢呼会惊叹它们是那么聪明能干。

我们有没有思考过，这些小海豚是如何做到的呢？在日常训练中，驯兽师是如何让它们一步步做到的呢？

是啊，就连驯兽师自己也做不出这些动作，没有办法去示范，他是如何让小海豚做到的呢？

你会发现，训练中的驯兽师腿部会有一只装满小鱼的小桶。

训练小海豚时，他就站在一边观察，一旦某只小海豚做了一个漂亮动作，他就会第一时间给小海豚一条小鱼作为奖励。

受到奖励的小海豚，会大量重复去做这个动作，于是不断得到小鱼；而且周围的小海豚发现做这个动作有鱼吃，于是它们就会模仿，同样也会因此而得到小鱼。

于是，所有的小海豚们不断重复这个动作，不断得到小鱼，于是一个个标准动作就固定下来。

驯兽师在这个过程中，使用的就是“正向强化”，不是我想要的动作，我就假装看不见，避免“负向强化”。是我想要的动作，我就立刻马上给予“正向强化”。结果就是得到“正向强化”的小海豚有了“好感觉”，坚持去做，最终把一个习惯固定下来。

在小海豚的故事里，你得到了怎样的启发呢？

当孩子开始学习时间管理，孩子总有一些瞬间是进步了，我们是否可以像驯兽师一样，敏锐地发现这些瞬间？同时，发现之后，是否可以像驯兽师那样给孩子一条“小鱼”？

我们常说：看见是最大的慈悲。不只是时间管理这件事情，回想和孩子一路走来，你是一个慈悲的父母吗？孩子学会游泳了，你是如何说的？孩子学会滑冰了，你是如何说的？孩子在学校完成了当天作业，你又是如何说的……

有多少时候我们非但没有给孩子“小鱼”，还一不小心给了孩子打击？孩子学会游泳了，我们指责他动作不够标准；孩子学会滑冰了，我们告诉他，你看看人家谁谁谁，你要多和人家学习；孩子在学校完成当天所有作业，你批评他做得有些潦草，看到孩子回到家闲着，顺手又递给了孩子两张测试题。

事实上，不是父母不想给孩子“小鱼”，也不是不想给孩子“好感觉”，而是从小到大接受的教育就是“挑刺”，期望通过“挑刺”让对方看到自己和优秀的人的差距，从而奋起直追。从小到大，父母和老师都是“挑刺型”的，他们的眼睛雪亮，看问题一针见血。所以，从小耳濡目染，我们“负向强化”的功夫非常了得，是刻进骨子里的本能，但是“正向强化”，看到孩子的闪光点和点滴进步，并且表里一致地表达给孩子，却是一项需要刻意训练的能力。这种能力，只有生活中带着觉察不断提醒自己，不断培养，不断强化，才能真正地被我们所用。

那如何不断提醒，不断培养，不断强化，让我们能够有看见“正向”能力，同时又能很好地表达给孩子呢？

一铭妈妈在时间管理训练营家长课上学习了小鱼文化，知道了要随时看到孩子，给“小鱼”，她和爸爸及时地做了调整，当看到孩子做得好的地方，他们会第一时间用写便利贴的方式及时地给予孩子肯定。

这种写或者说的鼓励方式，在我们课程中，有个专门的名字叫“小鱼贴”。

当一铭妈妈看到一铭回到家，便开始列清单。她就会对一铭说：“一铭，我看到你按照我们约定的4:10开始列番茄计划表，我能感受到你是一个特别守信用的人。”

当她看到一铭早上按照惯例表6:10分准时起床，她就会对一铭说：“一铭，我看到你早上6:10分起床，执行你的晨起惯例表，我感受到你是一个说到做到的孩子。”

当她看到一铭作业时间用计时器计时，她会对一铭说："一铭，我看到你作业时间用计时器，学了就坚持去用其实很不容易，可是你做到了，儿子，妈妈为你感到骄傲。"

一铭妈妈就这样安静下来，静静地看着一铭点滴的进步，并随时表达给孩子。一铭越来越喜欢这种被看见被激励的感觉，他每天都提醒自己去使用对自己有帮助的科学的时间管理工具。

孩子需要父母的鼓励，就像植物需要水。"正向强化"是孩子坚持路上的加油站，孩子在被看见被鼓励中，才会有持续的成长和进步。

思考与练习

1 回忆在学习本书之前，在孩子的时间管理这件事情上，哪些地方你对孩子做了正向强化？哪些地方你做了负向强化？哪些地方一不小心被忽略了？

A. 正向强化的地方：……………………………………

B. 负向强化的地方：……………………………………

C. 被忽略的地方：……………………………………

2 选择你做了负向强化或者不小心忽略的一个点，尝试给予孩子正向强化。你决定如何去给孩子正向强化？把你想到的话，写在下面的横线上：

……………………………………………………………

……………………………………………………………

3 结合以下范例，开启家庭"小鱼文化"之旅：

小鱼贴的内容，重在客观、正向，同时避免说"但是""可是""如果怎样，就更好了"之类的语言，范例如下：

看到孩子学会了游泳，我们可以告诉孩子："看到你学习了两节课后，便可以在水里自在地游来游去，我能感受到你超强的学习能力和灵活的协调能力。"

看到孩子学会了轮滑，我们可以告诉孩子："孩子，今天我看到你跟着教练很认真地做动作，结束后又练习了 40 分钟，我能感受到你做事情的认真和坚持，你确实很了不起。"

看到孩子在学校早早地完成了当天作业，我们可以告诉孩子："我看到今天你在学校完成了所有作业，我看到你越来越有时间观念，越来越知道提前去规划自己的事情了。我感受到你在努力把你在时间管理训练营学习到的用起来。知道并努力去做到，我看你那么小的年纪，就有那么强的自我管理能力，妈妈很为你感到高兴。"

针对孩子近期的表现，给孩子一张及时且能量满满的"小鱼贴"吧！写下来并读给孩子听：

父母越接纳，孩子越坚持

任何技能的掌握都是从不会到会，从做得不好到做得好。

如果我们放一条长线，这条规律是成立的。但在每一个具体的节点，却不一定时时刻刻在进步，甚至有可能出现退步。就拿爬山来说，我们用两个小时爬到山顶，在这两个小时里，我们每时每刻都在持续往前吗？不一定，有时山路艰险，我们往下倒退了；甚至更艰难的情况，我们往下滚出了好远。孩子的时间管理也是这样。当孩子开始学习尚未熟练的时候，家长面对孩子做得不好，甚至退步的地方，是否可以做到心平气和地接纳，直接决定了孩子在坚持的路上能走多远。

迪迪是一个小学二年级的小女生，进入小学后，每天晚上就没有在十点半之前睡过觉，在写作业的过程中，迪迪的字写得稍微有一点点不整齐或者不规范的地方，她马上就擦掉重写，有时候写着写着还会默默流泪。

妈妈属于那种走路带风的急躁性格，每次看到迪迪这样拖拖拉拉，就急得团团转。

事实上，妈妈也非常纠结：一瞬间想大吼她一声；一瞬间又觉得孩子已经很努力了，每天写作业到那么晚，不应该再伤害她了。

同时，妈妈也有一个非常现实的担心：这才只有二年级，随着后面作业越来越多，这孩子可怎么办呢？

在朋友的介绍下，妈妈把迪迪送到了我们的时间管理训练营，在我看到迪迪的第一瞬间，我能感受到娇小身体中的拘谨和不安，我在想这个小小的生命到底经历了什么，让她如此胆小和不安呢？

在课上的自我画像环节，我看到她把画像画了又擦，擦了又画，那种小心翼翼里藏着的担心，让人看了都忍不住心疼，那一刻，我明白了妈妈给我描述的孩子在家里写作业的状态。

和妈妈沟通后，我了解到迪迪两岁就被放回了老家，由奶奶一手看大，直到上小学时，才回到了妈妈身边。

孩子奶奶的性格非常暴躁，很多时候，老人对孩子没有耐心就会大吼大叫，甚至会抓住孩子使劲儿乱晃。

那一刻，我终于明白了迪迪为什么做事情谨小慎微，生怕自己犯一点儿错。

0~6 岁，是孩子成长最关键的黄金期。

0~3 岁孩子通过跟妈妈的互动，和这个世界建立第一个亲密关系。孩子有需要，然后妈妈给予温和的回应，这个过程是孩子安全感建立的过程。妈妈这个时期和孩子建立的关系基础影响着孩子一生中所有和平级之间的关系，比如同学关系、朋友关系及结婚之后的亲密关系等。

3~6 岁是孩子自我价值感建立的关键期，这个阶段爸爸的介入就显得特别重要。在这个阶段，爸爸参与孩子的日常起居，对孩子做出鼓励和肯定，直接决定了孩子是否有高自尊、高自信。孩子和爸爸的关系直接决定了和权威的关系，比如上学时期的老师，以及工作之后的领导。

可以说，孩子 0~6 岁期间，尽管孩子并没有完全意义地走出家门，却在家庭这个试验场上演练以后走出家门会接触的所有关系。

但对于迪迪来说，两岁时她被送回老家那一刻，她的安全感和价值感赖以形成的大环境已经被严重打破。

大家可以想象一下，一个两岁的孩子，只身一人来到一个陌生环境中，看着周围陌生的人群，她一定是想念妈妈的。想念妈妈，她就一定会哭，一旦她哭，周围的人会怎么说？

一般意义上来说，照顾她的老人是不喜欢孩子和自己在一起时不高兴的，于是老人会想："你看看你，供你吃供你喝，你还哭，我怎么那么对不起你？"当然，在这里并不是说老人不好，老人也很无辜，因为她很难真正体会一个两岁孩子内心到底是如何想的。

有耐心的时候，老人会安慰一下；没有耐心的时候，就会简单制止。

几次哭闹之后，外界给她的回应并不是那么友好，这个时候，孩子就学聪明了，我不哭不闹，我好好表现，我讨人欢心。所以，你会发现这样的孩子，无论自己表现多么好，总觉得自己做得还不够，还要让自己更好。所以，我们就比较容易理解为什么迪迪会不停地擦擦擦，说到底，就是她担心自己表现不好，并且最重要的一点：无论她做得多好，她依然感觉还不够好。

当迪迪妈妈了解了迪迪看上去磨蹭拖拉背后的原因，她感到非常懊悔和自责，她万万没有想到，孩子强烈自卑的源头竟然是小时候没在父母身边。她也终于明白孩子做事效率低的原因是自卑而产生的对自己的苛刻导致的。

迪迪妈妈开始去接纳迪迪的状态，她再也没在迪迪写作业慢的时候火冒三丈。

但是，再次让妈妈感到烦躁的是，当她足够接纳迪迪，给她时间让她慢慢去使用时间管理的工具时，她发现小学二年级的迪迪竟然在很多时候表现得像个婴儿，动不动就哭，偶尔还躺在妈妈的怀里撒娇，任凭妈妈怎么好言相劝都无济于事。

妈妈非常不理解，怎么越是对她好，反而情况就越糟糕了？

心理学上，将出现在迪迪身上的这种状态叫退行。也就是小时候因各种原因被迫快速成长的迪迪，在妈妈理解她接纳她之后，她感觉到了放松，她内在缺失的部分被唤醒，她在用这种方式来唤起妈妈对她更多的关注。

如果一个人的内在本来就有一个黑洞，是早一点填补好，还是晚一点填补好呢？

在迪迪妈妈了解了每一次她对孩子的满足都在填补她内在缺失的黑洞，她再也不急于让孩子快速和高效了。

她慢下来耐心地陪着迪迪，理解她、接纳她。

随着迪迪的内在缺失的部分不断地被填满，她的内在力量越来越强，越来越勇敢和自信，尤其写作业时不再总是擦擦擦，极大提高了作业效率。

每个孩子从小的成长环境不同，每个孩子的自信程度也不同。我们的孩子尽管没有和迪迪相同的过往，但所有孩子共同的地方是：只有当完全感受到被接纳，孩子的内心才是安定的。远离了爬行脑和情绪脑，孩子才会有足够的理智和逻辑思维去做自己应该做的事情。

无论在什么状态中，家长对孩子无条件的接纳，才是孩子坚持路上源源不断的内动力。在时间管理的道路上，有些时候我们的孩子“知道”了，但不一定每次都能“做到”。当带着父母对他的接纳，孩子只要每天坚持去做，他的时间管理水平自然一天比一天好。

思考与练习

1 在时间管理上，孩子有很多地方做得不完美，思考一下，你最不能接纳孩子的一件事情是什么？请将这个点写下来：

②思考这个点背后，你主要的情绪来源是什么？这个情绪背后，有你的担心，你最主要的担心是什么呢？写出来并平和地告诉孩子：

③接纳孩子的不完美，尝试思考你愿意允许孩子是这种状态的理由有哪些？写出至少三条：

4 孩子坚持路上，父母的身教重于言传

在孩子的时间管理学习中，家长是否能够和孩子一起学习，一起进步，会直接影响到孩子是否愿意坚持。

小土是一位一年级的小男生。上完时间管理的课程后，妈妈向我反馈，“温老师刚上完的前两周挺管用的，怎么两周以后就不怎么用了呢？”

我问她：“这些时间管理的工具，你是否还在用呢？”

妈妈瞬间不好意思地说：“课我还没有听完呢，光顾着盯孩子了。我从来没有静下心来好好用这些工具规划一下自己的生活，却总是催促孩子赶紧使用起来。”

小土妈妈的这种状态并不是一个个例。

如果一个孩子学习时间管理，父母没有学习相关的家长课程，孩子学习之后，有可能不但没有好效果，甚至还可能有反效果。

为什么这么说呢？

一是孩子学习之后，家长对孩子的期待自然就增加了；二是以前不知道番茄钟，不知道吃青蛙，现在知道了用这些过高的标准去要求孩子了。在父母不断的吆喝和要求中，孩子对时间管理工具和方法起初的惊喜慢慢被烦躁和厌恶取而代之。甚至一想到时间管理的工具，就觉得是爸爸妈妈控制自己要求自己的工具，负面情绪瞬间涌起。

也正是基于这一考虑，从时间管理训练营第一期开始，我们同时设计了家长课程，孩子学习时间管理的同时，家长也学习如何助力孩子更好地做好时间管理，而不是帮倒忙。

思思是一位五年级的小女生，她在妈妈的陪伴下一起参加了时间管理训练营。

妈妈是一位大学教授，她对课程中 PDCA 这部分有自己独到的想法，并将 PDCA 讲给了自己所带的研究生。

从那以后，所有的活动或者项目开启时，她都会在启动大会上随身携带一张 PDCA 表格，做好计划，大家去执行，然后检查结果，同时针对结果提出有针对性的提升方案。

下一次会上继续按照 PDCA 的流程来精进工作。

思思妈妈把她使用 PDCA 的心得与思思分享，让思思看到 PDCA 除了用于时间管理的监督，还可以用于大人的工作。这使她觉得这些工具很神奇，也加深了她对 PDCA 的理解，在日常生活中，一有机会就用 PDCA 的思路去面对问题。

家庭是孩子成长最重要的土壤。在这个土壤中，家长要求孩子去用好的工具和方法，而自己却不用。孩子便失去了模仿的对象和耳濡目染的氛围。当孩子凭着自己的力量去学习新技能，在这个过程中会比较吃力，一旦他感觉到吃力，便不容易坚持下去。

有些家长上完时间管理的课程，看到自己在时间管理的失衡，便快速调整自己。他们并不会要求孩子去做，但是孩子看见了，感受到了家长的乐在其中，他们也愿意去跟随。

大白是一个小学五年级的小男生，身高 150 厘米，体重 65 公斤，偏重。

来训练营之前，妈妈觉得他应该多运动，总是催促他运动。但是孩子非常排斥运动，一来他觉得运动让他很累，二来他觉得因为自己胖，妈妈让他多运动，这让他感到很自卑。

在时间管理训练营课上，我给孩子讲到了平衡轮，德智体美劳全面发展。

大白妈妈看到自己的平衡轮时，她发现自己的运动时间极少，十多年来，从来没有特意为自己做一些运动的安排。

看着镜子里身高165厘米、体重70公斤的自己，她甚至都不愿意再多看自己一眼。再看看自己肚子上的赘肉和肥厚的肩膀，那一刻，她突然很伤感。

从那天起，大白妈妈给自己制订了健身和塑形的计划：每天早上快走1小时，每周2次普拉提。“很多女人没有关注自己的身材，可能也是因为缺少一个瞬间去看见自己真实的样子吧。”大白妈妈有感而发，正是因为那样一个瞬间，让大白妈妈开始真正关注自己的身体。

一个月后，大白妈妈的体重下降了10斤，最重要的是运动让她的情绪和精神状态越来越好，整个人都变得年轻了很多。

在她运动的第46天，大白5:30起床，看着即将出门的妈妈，笑嘻嘻地问：“请问母后大人，您每天锻炼的路线是什么？我是否有幸与您同行？”

那一刻，大白妈妈满脸欣慰，原来当我们放下对孩子的要求和期待，只管去做好自己时，孩子会在他感觉对的时间去跟随。这份等待成就了孩子的自主自发，而这份自主自发源于孩子看见了榜样的力量。

思考与练习

1 读到此处，你、爱人和孩子收获最大的一个点是什么？思考并把答案写在下面的横线上。

你的收获是：……………………………………………………

爱人的收获是：

孩子的收获是：

2 对于你收获最大的这个点，你在工作和生活中具体是如何运用的？请你列举三点，并和孩子分享你的喜悦。

A.

B.

C.

3 时间管理是一个长线的系统工程。每天坚持，每天进步一点点，才能从根本上掌握这套科学的工具。为了更好地坚持，孩子最希望爸爸妈妈配合的事情是什么呢？写下来，并说给爸爸妈妈听：

你最希望爸爸配合的事情是：

你最希望妈妈配合的事情是：

5 家庭会议，孩子坚持路上的能量加油站

没有记录，就没有发生。

孩子学习时间管理的过程中，帮助孩子能够坚持下去，还需要一些可视化的记录。当我们能够在坚持的路上，通过可视化的图表和孩子一起记录，同时在记录的基础上有依据地去进行 PDCA，孩子的成长便可以稳稳地提升，而家庭会议，恰恰是在收集记录并检查分析的基础上，给孩子赋能的能量加油站。

诺诺是一个小学六年级的女生，每个周六晚上七点，她都会准时地坐在客厅里等待爸爸和妈妈来参加他们的家庭会议。

每次家庭会议时，她会带上自己的晨起惯例表、睡前惯例表、番茄时间表等表格，和爸爸妈妈一起来检查这一周里的完成情况。

做得好的地方，爸爸妈妈会给予鼓励或者奖励。做得不好的地方，他们会在一起分析原因，找到症结，在新的一周里及时地调整。

诺诺在家庭会议上展示的各类图表，在平时有一个专门的空间张贴，在我们的时间管理训练营中，我们称之为“神奇看板”。

神奇看板是一个空间，它可以是张贴在墙上的一张大大的纸，也可以是一个简单的白板，也可以是一扇门。在这个空间里，孩子可以把所有时间管理相关的图表张贴上去，通过可视化的记录，让孩子每天都可以看到自己的日程或所做事情的进度；同时在家庭会议上做一周总结时，也更有依据可循，所制订的下一周的计划也更为符合实际。

家庭会议中有时间官、主持人、会议记录人三个角色，诺诺最喜欢的角色是时间官。每人每轮的发言时间是5分钟，在这个过程中有人说跑题或者说得太多，时间官都要及时地提醒。

刚开始时，诺诺对五分钟可以说多少内容没有多少概念，经常说不到一分钟就把准备的内容给说完了。几次家庭会议下来，她不断地观察、思考和调整，最终，她对五分钟可以表达多少内容有了更好的把握。

最让她开心的是，在家庭会议召开时，每个人都可以随意地发表。这让诺诺感觉她和爸爸妈妈是平等的，感受到被尊重和被重视。

在诺诺上完时间管理训练营12周之后，爸爸和妈妈依然坚持在每周六晚上召开家庭会议，并把这件事作为家庭一个非常重要的惯例固定下来——固定时间、固定地点来检查这一周里时间管理的成果。

诺诺的家庭会议时间既温馨又有仪式感，对诺诺来说，这个时间就是自己的成果展示时间。爸爸妈妈用这样的方式，帮助诺诺把时间管理的工具和方法每周去落地使用，最终帮助她真正掌握起来。

同时，对于有的小朋友而言，学习完时间管理，但是却做不好，他们也会沮丧，而这个时候的家庭会议就变成了孩子的能量加油站。

西西是一个小学五年级的男生。

他在学习时间管理训练之后，他找到了自己的梦想，他想成为一个军人。而成为一个军人，最重要的一条，是要每天早起锻炼身体。

为了能够锻炼身体，他每天早上5:40起床，6点到7点运动一小时。

起初，他一周只能坚持3天，他很苦恼，但又不甘心自己做不到。

在第一周的家庭会议上，爸爸和妈妈耐心地询问西西："回想一下，你成功起床的那三天，你是如何做到的？"西西回忆说："那三天，晚上睡得比较早，所以，第二天早上很轻易就起来了。"

当西西有这样一个发现，他意识到早睡就能轻松早起。

在爸爸和妈妈的帮助下，西西调整了睡觉时间。在接下来的一周里，在没有爸爸和妈妈提醒的情况下，他竟然成功起床了五天！

看到了自己的进步，西西特别开心。

在第二周的家庭会议上，爸爸和妈妈又引导着西西去看，“两次没有起来具体是什么原因呢？”西西思考了一下，“没有起床的那两天是周六和周日，自己心理上放松了，没有听到闹钟声。”

为了保证自己能够第三周可以做到，西西主动请求妈妈帮忙。万一他没有听到闹钟声，妈妈可以帮忙叫他一下。

妈妈欣然同意。

在接下来的第三周，西西做到了七天准时起床。经过二十多天不断坚持，他的生物钟固定下来，早上 5:40 起床的好习惯养成了。

我们会发现，孩子在坚持做好时间管理的过程中，一定不是一次就可以做到完美。在坚持的过程中，我们需要反复去看到没有做好的原因是什么？接下来，还可以怎么去做？

所有问题的提出和解决，都需要一个固定时间让大家坐下来，一起思考一起碰撞，而家庭会议便是这样一个特殊时间。孩子的童年很短，如果要增加一个美好回忆，借由时间管理这个切入点，家庭会议终将成为孩子童年坚持路上最不可或缺的一个能量的加油站。

思考与练习

1 召开一次关于“时间管理”的家庭会议，和家庭成员讨论确定相关安排。

时间：……………………

地点：……………………

时长：……………………

主题：……………………………

主持人姓名：……………………………

时间官姓名：……………………………

记录员姓名：……………………………

② 本次家庭会议，针对时间管理这个主题，全家人想达成的共同目标是什么？或者通过会议，最终想解决的一个问题是什么？家人一起商定，反复讨论并且所有人都同意后，将会议目标写在下面的横线上：

……………………………………………………………………………………

……………………………………………………………………………………

③ 召开一次关于“时间管理”的家庭会议，参照下一页的《家庭会议记录表》记录并留存会议内容。

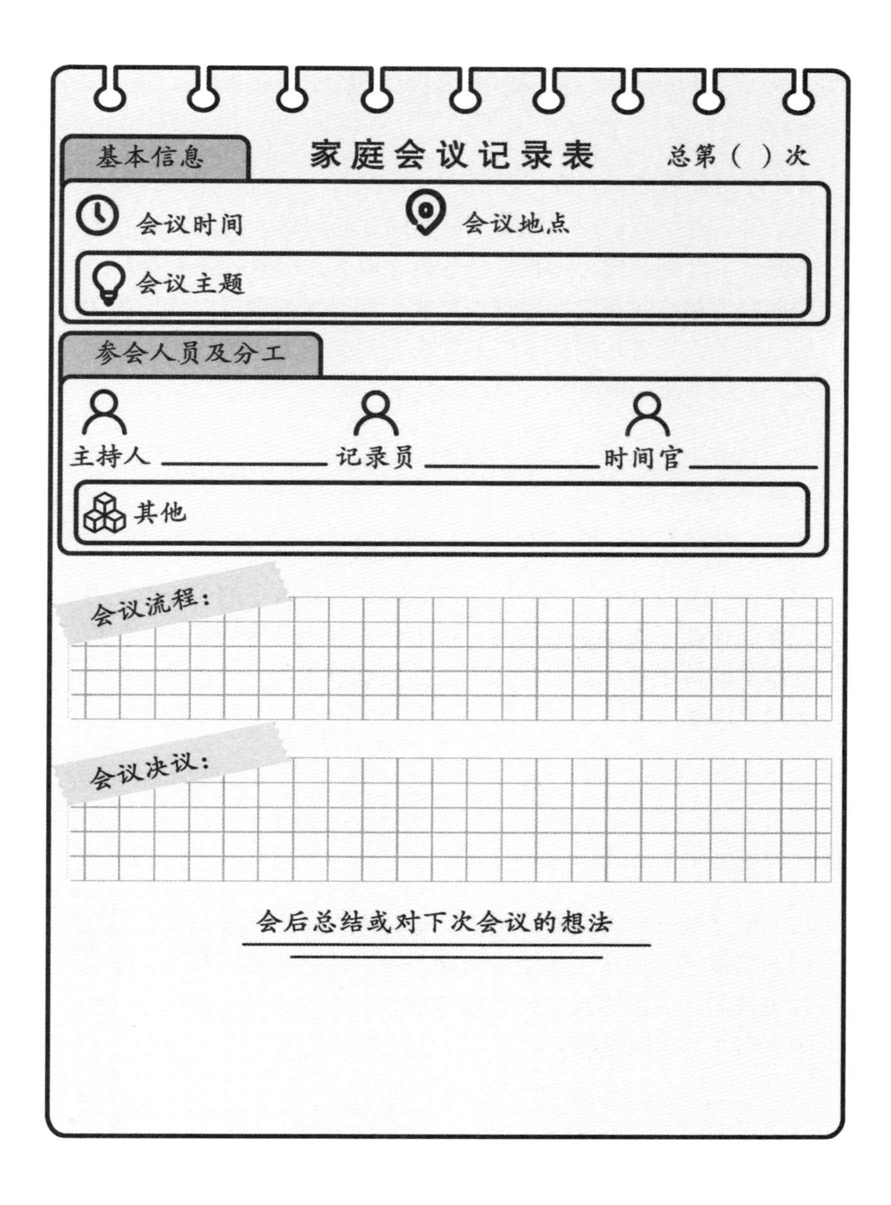
家庭会议记录表 总第（ ）次

基本信息

会议时间 会议地点

会议主题

参会人员及分工

主持人 ______ 记录员 ______ 时间官 ______

其他

会议流程：

会议决议：

会后总结或对下次会议的想法

本章小结

1/ 在时间管理上，我们需要 PDCA 这样一个过程来实现螺旋式上升，包括我们每章和每节后面的互动问题，都是 PDCA 的一部分：计划，做，调整，然后再去做。这个过程不断循环，帮助我们最终掌握时间管理的技能，让时间管理成为我们生活的一部分。思考从阅读本书到现在，你收获最大的三个点是什么？写到下面的横线上。

....

....

....

2/ 在“小鱼文化”中，我们倡导家长看到孩子的闪光点，并正面强化孩子做得好的地方。孩子学习时间管理到现在，把你观察到的孩子最大的变化写下来并读给孩子听，给孩子一个大大的“小鱼”吧！

....

....

....

3/ 家庭是一台大型复印机，父母是原件，孩子是复印件。在时间管理上，你在工作领域给孩子做了很多表率，但不一定和孩子说起过。把你在工作上做得很好，却一直没有告诉孩子的地方写在下面的横线上：

....

....

....

4/ 家庭会议终将成为孩子童年路上最不可或缺的一个能量加油站。你愿意每周一次去坚持这个对孩子意义非凡的事情吗?把你的承诺写在下面的横线上(格式:我愿意每周____用_____小时召开我们的家庭会议):

....

此刻的你，正在创造孩子的童年回忆。你决定为孩子创造怎样的一个家庭会议呢?把你想到的形容这个家庭会议的几个词写下来。

....

....

....

第七章
内驱力唤醒篇

——全面唤醒孩子内驱力，杜绝拖拉和磨蹭

新东方创始人俞敏洪先生曾说：有的人一下子就能活到点子上，而有的人一辈子活得“不着边际”。后者可能各有各的“不着边际”，但那些“一下子就能活到点子上的人”一定有一个共同的特质。那就是：他们有着自己的梦想，他们清楚地了解自己的内心渴望，知道自己想过什么样的生活，要成为什么样的人。

你知道孩子的梦想吗？你知道孩子内心的渴望吗？你知道孩子想过怎样的生活吗？你知道孩子想成为一个什么样的人吗？

梦想就是牵动孩子的那根绳，无论什么时候，无论遇到什么挫折，他知道只要抓住这根绳不抛弃不放弃，就可以达成自己的目标。那么如何全面唤醒孩子的内驱力，帮助孩子找到自己的梦想，清晰自己的方向呢？

1 孩子的安全感，是梦想萌发的根基

安全需求处于马斯洛需求五层次中的第二层。

安全感是孩子一生的基石，直接决定着孩子的人生动力和人生高度。当一个孩子没有安全感，便无法有更高层次的需求，更无法从真正意义上开启自己的梦想之旅。

每位父母都不是完美父母，因此每个孩子都不同程度地缺乏安全感。孩子的安全感受到各个方面的影响，其中受到家庭不稳定因素的影响最大，比如父母经常发生冲突、父母一方情绪不稳定、亲人突然离世等，这些都会在不同程度上影响孩子的安全感。

在今天这个社会，留守儿童、单亲家庭或者爸爸妈妈单独一人带孩子的情况也越来越普遍，那这部分孩子的内心是怎样的一种心理状态呢？这种心理状态是如何时刻影响着孩子的梦想的呢？

当真正走进他们，你就会发现：不是孩子不想有梦想，而是他们根本就做不到。

欣欣今年上五年级，从她记事起，爸爸就常年驻外，每年回家1~2次，她从小跟着妈妈长大。

五年级上学期，欣欣爸爸换了一份工作，从外地回到了欣欣和老婆身边。

欣欣爸爸从回家那天起，就对欣欣极度不满意。他想不明白，他和爱人那么优秀，为什么欣欣会是这种状态？——在班里胆小怕事经常被同学欺负，上课不举手，回答问题声音小得像蚊子一样，下课不合群经常被同学孤立，看到妈妈连眼皮都不抬一下，看到爸爸更是能离多远就离多远……

如果说这一切都可以忍，让欣欣爸爸最无法忍受的是，欣欣晚上写作业慢吞吞的样子。

回到欣欣和妈妈身边不到两个月的时间，欣欣爸爸因为作业问题揍了欣欣三次。

一天晚上，欣欣写作业又特别慢，爸爸一把拿起晾衣架狠狠打在她的后背上，晾衣架直接断成两截飞出去。

让爸爸更为恼火的是，欣欣竟然连一滴眼泪都没流，眼里竟还有一丝丝不屑。那一刻，欣欣爸爸崩溃了，他摔了家里很多东西，坐在沙发上一个人流了很久的眼泪。

心灰意冷的他，甚至觉得这孩子没救了，还不如再生一个，从头开始培养。

恼怒归恼怒，带着对欣欣极度的恼怒和失望，欣欣爸爸还是在妈妈的带动下来到了我们家长课。

在一次角色扮演中，欣欣爸爸主动扮演了爸爸的角色。孩子扮演者在爸爸妈妈的前方，爸爸在孩子右后方，妈妈在孩子的左后方，这样三者就构成了一个等边的三角形。

在现场的引导下，孩子的扮演者闭着眼睛去感受爸爸妈妈站在身后朝着她微笑的感觉，现场所有人都能看到孩子微笑的表情，笔挺的腰杆儿和高高昂起的头。

爸爸要去外地工作了，当爸爸转身离去往后走的一瞬间，我们看到，孩子脸上的微笑戛然而止。她不再昂头挺胸，而是瞬间转身去看爸爸要去哪里。

就这样，她看着爸爸慢慢地移动到离她很远的角落，在整个过程中，孩子的扮演者就只是哭，旁边的妈妈看到孩子哭，也跟着难过；而离家的爸爸，开始蹲在角落里默默地流眼泪。

这个时候我问孩子的扮演者："孩子，你此刻的内心感受是什么？"她说："感觉心里很空，很想抓住点儿什么却没有力量，感觉自己很渺小，什么也做不了。”

爸爸在角落里默默蹲着什么也没说，两分钟后孩子几近崩溃，泪流满面。

这时，爸爸要休假回家探亲了，孩子的扮演者停止了哭泣，一直往爸爸的方向张望。

这时，爸爸快步往家的方向走，同时我们也发现，孩子并没有像我们期待的样子去迎接爸爸，而是冷冷地看着爸爸，那种感觉既有热切的渴望又有冰冷的逃避。

那一刻，爸爸忍不住号啕大哭。

是的，用欣欣爸爸的话说，现实里的孩子就是这样：对自己很冰冷，不靠近不沟通。

以前他不理解，当通过角色扮演，孩子内心的挣扎一览无余地呈现在爸爸面前，这个七尺男儿忍不住泪奔，他不停地说：“怎么办，怎么办，回不去了呀，回不去了呀。”

接下来，现场引导爸爸回家探亲结束，需要回到他的工作岗位。

这时，我们留意到孩子的扮演者咬了咬嘴唇，看着离家越来越远的爸爸，孩子的脸上有悲痛，却看不到泪花。

被问及此刻的感受是什么，孩子说了一个词：绝望。

然后，现场工作人员又引导着爸爸几次回家，又几次离开。几次之后，我们看到孩子的扮演者对于爸爸的回来和离开表面看上去没有任何的心理活动。

被问及感受是什么，孩子回答：“心灰意冷，无所谓了，在不在都行。”

通过这个体验活动，还原了孩子刚刚出生到五年级之间所经历的分分合合。在一起的短暂时光里，孩子的心尚未来得及融化，爸爸又一次要离开。目送爸爸每一次的渐行渐远，对孩子来说，是一件极其痛苦的事情。但孩子咬着牙告诉自己不要去感受这份痛苦，告诉自己不要哭不要闹要坚强。

在现实生活中，意识层面我们可能觉得孩子从小就和爸爸分开多，和爸爸的连接本来就少，不哭不闹不想爸爸也很正常。事实上，潜意识里孩子对爸爸的爱一点儿都不少，她那么渴望和爸爸连接，那么希望爸爸能够好好陪陪自己，但她又那么逃避和爸爸连接，对爸爸表现得不冷不热，不需要爸爸陪的样子。

因为一旦连接，爸爸离开时的痛就变得更加撕心裂肺。孩子表面上有多冷酷，她的内心对爸爸就有多渴望。

但是当孩子努力让自己不去想爸爸、不去感受爸爸离开时的那份痛苦时，那一刻，封闭的心门，不但阻隔了爸爸，还阻隔了这个世界。

在这样的状态中，从小一直到五年级爸爸回来，她的内心有多少挣扎绝望和不知所措呢？孩子就这样一天天慢慢成了不善言辞、不爱笑、不举手、不合群的样子。

这时，爸爸回来了。十多年的空白，十多年没有连接，爸爸一出现，看到孩子的各种不如意，就开始指责谩骂甚至拳打脚踢。

爸爸的内心声音是：我辛辛苦苦在外面这么多年，还不是为了这个家？还不是为了你？可我怎么就养了个这么没出息的家伙？

而孩子的内心是如何想的呢？“你是谁啊？这些年幼儿园开放活动或者运动会，当别人家的爸爸出现在学校哈哈大笑着和孩子玩耍时，你在哪里？”“当我进入小学，每一次家长会上别人家的爸爸坐在教室和老师探讨成绩时，你又在哪里？”“当周末别人家的爸爸和妈妈带着孩子去野餐去玩耍时，你又在哪里？”“我日思夜想的人，当你突然出现在我面前，你嫌弃我、辱骂我、责罚我、痛打我，告诉我，你是谁啊？”

这些内心的声音，孩子有可能都看不到，但这的的确确是她内心的声音。甚至她也会疑惑，为什么自己明明很想和爸爸好好说些话，看到他又什么也说不出口？为什么明明很想做个好孩子让爸爸高兴省心，却总是那么无力？为什么爸爸的手打在身上明明很痛，又觉得终于和爸爸连接上了？

对于有这部分心理状态的孩子，先搭建关系，才是一切的基础。

当欣欣爸爸了解了孩子整个童年的心理状态和他回到家以后的心理变化，他和欣欣进行了一次畅谈。

他告诉欣欣："爸爸知道你现在的状态和爸爸那么多年不在家有很大关系，爸爸非但没有理解你，反而怨你、打你，爸爸知道，我的做法深深地伤害了你。"爸爸特意给了欣欣一个大大的拥抱。

别说是孩子，就连欣欣爸爸自己都不记得上一次给孩子拥抱是什么时候了。想到这里，他流下了眼泪。好半天欣欣才主动伸出手轻轻给了爸爸一个拥抱，虽然这只是一个简单的动作，却也是欣欣内心融化的开始。

而这份融化给孩子的踏实感，才是孩子对生活充满热情，行动力快的最直接的动力源泉。

家庭环境不够稳定，孩子学习上表现出的没目标没方向，本质上是对父母从渴望到绝望到无所谓之后的放弃自己。这样的孩子，我们就算给他再科学再系统的时间管理工具，也无法实现真正的高效。

孩子没目标没梦想的背后，有深层次的安全感需求。只有孩子有了充足的安全感，他们才会有更高层次的追求，才能引爆自己，真正为自己的梦想打拼。

然而，当今这个时代，交通日益发达，流动人口持续增长，离婚率逐年攀升，隔代养育愈加普遍，影响家庭稳定的因素也就越来越多。在这种社会大环境之下，父母只有一方在身边的孩子越来越多，更有一大批父母双方都不在身边的留守儿童。孩子们的外在物质生活越来越丰富，内在安全感却越来越匮乏，作为父母的我们也常常被时代的洪流推动着前进，不曾有机会驻足去看见和思考孩子的内在需要，就这一点来说，欣欣和爸爸都是非常幸运的。

不论现在处于怎样的生活状态，相信为人父母的我们，在意识到了孩子的安全感需求之后，都希望为孩子做一点点努力或改变，那么，你想要怎么去做呢？

思考与练习

1 在和孩子的连接上，你可以给自己和孩子的连接指数打几分呢？（0~10分，10分为满分）

2 回想从小到大，你是否给了孩子足够的安全感？以往有哪些事情可能会影响到孩子的安全感呢？将你想到的1~3点写到下面的横线上：

3 接下来，你准备采取具体哪些行动来帮助孩子提升安全感？

 高资格感的孩子，才有勇气全力追梦

很多孩子做事情没热情没斗志，家长很不理解。

吃的穿的玩的用的，要什么就买什么，就把学习一件事情做好，为什么总是一副什么都不在乎的样子？为什么不能为自己的梦想去打拼呢？

事实上，一个孩子是否有足够的勇气去相信自己的梦想，愿意为自己的梦想打拼，和父母本身的资格感有很大的关系。

这个资格感，和父母小时候同时期的状态有很大的关系。比如，如果你在小学三年级是个特别自卑的孩子，孩子在这个年龄段你也会莫名地紧张，而你这种紧张担心也会传染给孩子，影响到孩子在这个年龄段的状态。如果家长在成长路上没有意识到这一点，这个部分就会像遗传基因一样，传递给下一代。

薇薇是典型的别人家的孩子。

她性格大方可爱，说话像个小大人似的。说话的声音清脆悦耳、抑扬顿挫，每个见到她的人都觉得她是个古灵精怪、冰雪聪明的孩子。

可就是这样一个孩子，在妈妈眼里，永远都是一副恨铁不成钢的样子。尤其当薇薇进入小学，妈妈对薇薇的打击更是变本加厉。在外人看来，薇薇妈妈对刚上小学一年级薇薇的要求是特别苛刻的，可薇薇妈妈却丝毫不以为意，她最喜欢说的一句话是："我是为了她好。"

上了小学后，无论薇薇写作业怎么努力，她总是无法达到妈妈的标准。妈妈每天都说"我是为了你好"，稍微做得不好，就批评指责甚至是殴打。一个学期下来，薇薇在班里成了名副其实的差生，别说

什么热情和梦想了，连作业都不愿去完成。这对于一直对薇薇要求苛刻的薇薇妈妈来说，无疑是个致命打击。

薇薇妈妈第一次来到我们的家长课时，当讨论到近期困惑时，她一遍又一遍地控诉和指责女儿的种种不是。

结合我对她女儿的了解，我感觉她嘴里的薇薇和我眼里的薇薇不是同一个人。

这个时候我问她："薇薇妈妈，你小学阶段过得怎么样？那时候的你是怎样一种状态呢？"当我问到这里，我看到薇薇妈妈像是一个元气满满的气球突然被划了一道口子，瞬间黯淡了下去。

薇薇妈妈是家里的老大，家里还有一个弟弟一个妹妹。

父亲是个怀才不遇的知识分子，母亲则是个大字不识、做事风风火火的文盲。

大概是怀才不遇的父亲碰到了无法懂他的母亲，父亲的情绪总是特别容易失控，而母亲常说的一句话就是："要不是你们三个，我早就离开这个世界了。"

当说到这里，薇薇妈妈已经泣不成声了。她说因为她太了解父母的处境了，她就努力去做个好孩子，希望能够讨父母的欢心，希望他们脸上的笑容能多一点。小小年龄的她越是懂事就越是有压力，因此尽管她希望在学习上有个好成绩，但心事太多的她总是无法专注。

听到同学背后哈哈大笑，她也会小心翼翼地看看是不是自己哪里做得不够好，让别人笑话了，这种小心翼翼几乎是她整个小学生活的缩影。

在那段灰暗的日子里，她把自己给隐藏了起来：上课不举手回答问题；有不会的问题不敢问老师；换了新书包，她恨不得书包崭新的样子能赶紧褪去；换条新裤子，她希望自己能隐身，生怕自己成为被人讨论的焦点。

当她回忆到这里，她说自己竟然记不起任何和小伙伴一起玩的场景，更不用提什么和小伙伴的开心瞬间了，学习成绩更是差得一塌糊涂。

但凭着她一路的努力，从初中开始，她的学习成绩慢慢有了起色，最终通过学习走出了那个小村庄，在城市里安了家。

当薇薇妈妈描述完她的童年，我瞬间理解了原本优秀的薇薇，为什么宁愿自己做个差生。

薇薇妈妈那段童年就像没有色彩的底片一样，那就是她童年的底色。在那个童年里，她既渴望自己能脱颖而出、出人头地，但又被强烈的自卑感死死拖住。她内心的声音是：那种光鲜亮丽的生活不是你应该享受的，那不是你应该拥有的。换句话说，在她的内心总有一个声音是：我不值得。

薇薇妈妈在成长的过程中，因为年龄越来越成熟，自己在生活中可以处理很多的事情了，以至于这种小时候的自卑状态对她的生活影响不是太大，但薇薇的出生，无疑唤醒了她同时期的那种身体的感觉，她希望薇薇好，又害怕薇薇好，就像恐惧小时候的自己会站在聚光灯下接受大家赞美的感觉是一样的。因此，她的潜意识会说一些话做一些事破坏这样的场景，比如一旦薇薇是个德才兼备优秀突出的孩子，老师势必会多次提到优秀的薇薇妈妈，又或者在接送孩子的时候，别人也会和优秀的薇薇妈妈讨教。

对薇薇妈妈来讲，这种被关注，这种站在聚光灯下被羡慕的感觉是她不熟悉的或者说是她恐惧的。一想到这种感觉，她就会大脑一片空白，身体缩成一团。

当薇薇妈妈看到这里，她忍不住倒吸了一口冷气：她以为曾经那些过往都过去了，她以为那些日子一去不复返了，却万万没有想到，在孩子成长的路上，自己的那些感受又被唤醒了。她更没有想到，那些恐惧和担心在当年限制了她，竟然又在今天限制了薇薇。

那些对薇薇所有的尖酸刻薄，原来都源于潜意识中自己深深的自卑感。

“那我应该怎么做呢？”薇薇妈妈开始思考，很显然她已经了解了薇薇目前的状态不佳的根源就在自己身上。

是的，如果我们本来就在错误的道路上奔跑，那么，停下来就是最大的进步。我看到薇薇妈妈在这一刻停了下来，并且在源头上找到了薇薇对生活没有热情的真正原因。

那节课之后，薇薇妈妈就经常给自己心理暗示：我值得美好的生活，我值得成功快乐的人生。

当她不断对自己这样去表达，她欣喜地发现，她越来越能发现薇薇的优点。她不断鼓励和肯定薇薇，帮助孩子找回自信和价值感。

这样坚持了三个月后，薇薇妈妈开心地和我反馈，薇薇写作业的速度大大加快，在班级表现越来越突出，她竟然还主动竞选了学习班长。

孩子原本对未来是充满憧憬、充满激情的，但是当我们成人没有意识到时，就会一不小心用自己的生命底色困住了优秀的孩子。

大自然是很有耐心的，所有你不愿意疗愈的，都会传递给下一代。随着薇薇妈妈的配得感和值得感不断增强，她自然就会允许和支持薇薇过更积极更美好的生活，这时薇薇真正的小宇宙才可以爆发出来。

思考与练习

1 思考并观察孩子目前的状态，你觉得孩子是一个对未来充满热情，愿意为自己梦想打拼的人吗?

A. 是 (　　)

B. 不是 (　　)

C. 不确定 (　　)

2 回想自己从小到大的成长经历，你觉得哪些事影响了自己的配得感和价值感呢? 比如在家里的排行或者父母说的某些话等，将你想到的事情写在下面的横线上：

A. ……………………

B. ……………………

C. ……………………

3 “我值得美好的生活”“我值得成功快乐的人生”这类积极的心理暗示可以很好地帮助我们提升配得感和价值感，创造属于自己的一个心理暗示，写下来并在生活中不断暗示自己：

……………………

……………………

3 相信孩子，是孩子梦想实现的加速器

夜晚，阿姆斯特朗在庭院里玩耍，看着远处的月亮，阿姆斯特朗不断地跳跃。

这时，母亲问："孩子，你在做什么？"

阿姆斯特朗回答："妈妈，我想登上月球。"

母亲看着阿姆斯特朗，笑着说："孩子，记得回来。"

1969 年 7 月 21 日，阿姆斯特朗成为第一个踏上月球的宇航员。

从小立志到最终梦想实现，这与阿姆斯特朗个人的努力和天赋是分不开的。

除此之外，母亲那句"孩子，记得回来"中传递的信任，甚至比他的努力和天赋更重要。如果当时母亲说"就你这样，你还想上天？"或者说"孩子，洗洗脸，赶紧睡吧，别做梦了"，我们真的很难确定第一个登上月球的人还会不会是阿姆斯特朗。

孩子小时候，每一个想法都是一粒种子。在他说出的瞬间，如果我们能足够地重视这个需求，这颗种子就会持续孕育，在合适的时间生根发芽。

晴儿，今年 28 岁，是一名舞蹈演员。我和晴儿妈妈，在一次亲子教育峰会上认识。

课程结束后，晴儿妈妈在课间找到我，对我说："温老师，我特别赞同您说的孩子小时候要抓住梦想的说法。"

随后，她给我讲到了晴儿的成长经历：晴儿 7 岁那年，有一次看电视，看到电视里一位美丽的女子伴着优美的旋律翩翩起舞，那个瞬间，晴儿在沙发上站起来，眼睛直直地盯着并走到离电视很近很近的地方，入神地看着笑着……

节目结束后，晴儿像是对妈妈说又像是自言自语地说："长大了，我也要像阿姨一样去跳舞。"

说者无意，听者有心。

晴儿妈妈听到女儿这句话，她认真了，因为她在女儿的脸上看到了她的羡慕、憧憬和坚定。

1999 年，她们所在的县城没有舞蹈培训班，晴儿妈妈特意去了市里，给晴儿找到了一位优秀的舞蹈老师。从那一年起，连续八年，每个周六都是晴儿固定去市里上舞蹈课的时间，直到晴儿上了高中。

高考之后的晴儿如愿进入了一所舞蹈学校，再后来成为一位优秀的舞蹈演员。

在晴儿妈妈给我表述的整个过程中，我能感受到妈妈的欣慰，能够感受她特别希望更多的家长能够重视孩子小时候说出的那些梦。

而晴儿的故事，也让我自己更加坚定地相信孩子童年的梦是多么重要，又是多么需要智慧去浇灌，最终才能生根发芽。

作为两个孩子的母亲，这件事也给了我很多的启发，让我在面对孩子梦想上有更多的智慧去陪伴孩子。

记得洋洋 8 岁那年，我带他和 2 岁的弟弟去姥姥家。

从我家到姥姥家大约需要 40 分钟。我叫了一辆出租车，洋洋上车后就用手机听音乐，一边听一边唱，我记得其中两首是《沙漠骆驼》和《38 度 6》。

洋洋开始唱之后，司机师傅就问我，这孩子在外面学唱歌吗？我说没有，他自己喜欢。

司机师傅说："这孩子唱得真好，很有节奏感并且状态非常好。"我礼节性地感谢了司机师傅，我觉得司机师傅只是说说，而我也只是听听。

但是一路上，这位师傅一直和洋洋有互动，碰到他会唱的，他就和孩子一起唱。孩子也激励着唱了一路，我和弟弟欣赏了一路。

下车时，司机师傅稳稳地停好了车，转过身看着洋洋说："孩子，你唱歌很好，很有天分，叔叔祝福你。"然后，他看了看抱着老二的我，对我说："你有俩儿子，任务很重，但你一定要好好培养这孩子，我有搞音乐的朋友，我们也经常一起切磋，他歌唱得非常好。"

直到今天回忆起那个瞬间，我依然记得那个黑黑的夜晚，我们甚至都看不清对方的脸，而就是这样一个陌生人，在那个时间狠狠地激励了我的儿子。

尽管平时我们也很鼓励孩子唱歌，但是那个瞬间来自外人的肯定，给孩子的那份激励和认可是完全不一样的。而更重要的是，那位师傅用他的诚意点醒了我：或许除了鼓励孩子唱歌之外，还可以为孩子做点什么。

两个月后的一天，好朋友晶晶邀请我参加她们公司的年会活动。

时间是周四晚上，牵扯到孩子第二天还要上学，我正在犹豫自己要不要晚上出门时，晶晶告诉我说："来吧，仁政也来，咱们三个好久没有见面了，来聚聚吧。"她还告诉我仁政晚上有独唱《沙漠骆驼》。

仁政是谁呢？他是一个音乐人，同时也是央视《黄金一百秒》的冠军。短暂的思考之后，我决定带上洋洋一起去。

在现场，我和洋洋是分开的，孩子们有专门一桌，在场地的最后一排，以方便孩子自由走动和玩游戏。

当仁政在台上唱起《沙漠骆驼》，我留意到洋洋从最后面玩耍嬉戏的孩子群中，穿过一桌又一桌的人们，来到了舞台最前面。他就那样满是崇拜地看着台上唱歌的叔叔，跟着唱也跟着笑。那一刻，我知道我的决定是对的。

就是在那晚，洋洋认识了对他影响很大的仁政叔叔和子韬叔叔（仁政的好友）。

仁政叔叔和子韬叔叔不但和洋洋交了朋友，还告诉洋洋随时可以去找他们。后来一次吃饭时，我带着洋洋一起参加，仁政叔叔和子韬叔叔让他选他们其中一个做师傅，洋洋非常兴奋，并同时选了两位叔叔都做他的师傅。看着他和两位叔叔一起认真唱歌的样子，我知道，音乐对于他已经有了更深的意义。

这不久后，洋洋班级的元旦晚会上，洋洋报名了《沙漠骆驼》。他认真地问我："妈妈，我是否可以邀请仁政叔叔和子韬叔叔来我们学校参加元旦活动？"

经过一番思考，我对仁政和子韬发出了邀请，他们两位也爽快地答应了。我知道他们平时工作本来就忙，只是他们也希望能在洋洋的成长路上给他留下一些最美好的回忆。

直到今天，儿子看着仁政叔叔和子韬叔叔在元旦同乐会上和他合唱的照片都会掩饰不住地流露出自豪和骄傲，他也会骄傲地指着自己在学校院子里和叔叔们的合影说，这是我和妈妈送叔叔出校门时拍的。

孩子并不知道，这背后有大人对他最美好的祝福，他也不知道，这中间大人需要克服一些困难才能够在那个时刻准时出现。但他对音乐的爱，在他和两位叔叔在台上抱在一起的瞬间，已经深深地扎根在他的心底。

孩子的成长路上，总有那么几个感动的瞬间，让我们现在想来依然会泪流满面。

在孩子成长的过程中，你做了怎样的一个父母呢？你曾经为孩子的梦想做过哪些努力呢？或者你说，我没有，我从来没有。那么，从今天这一刻开始，一切都还来得及。

那以后，音乐成了洋洋生活的一部分。

早上起床后，晚上睡觉前，走在路上，坐在车上，他都会让音乐响起，陶醉在自己的音乐世界里。

因为对音乐的喜欢，洋洋认识了大张伟。

在一期综艺节目中，大张伟和刘昊然同台，洋洋瞬间被刘昊然圈粉。那段时间把电脑屏保换成了刘昊然，搜集了很多刘昊然的资料，知道了刘昊然不只是会演电影，同时，他的学习成绩也很好，他是以文化课和专业课双科第一名的成绩进入北京戏剧学院。

每次看到洋洋在书桌前认真写作业，要求自己今日事今日毕，我知道他找到了自己模仿的榜样。

我也知道，尽管洋洋未来不一定会成为歌星或者影星，但我知道在这个当下，刘昊然作为他心中的榜样，在时刻激励着他往前走。哪怕遇到困难，他也知道问自己，“如果是刘昊然，他会怎么做？”

你的孩子内心的梦想是什么呢？你了解吗？

去帮助孩子发现那粒神奇的种子吧！当孩子找到这粒种子，并为这粒种子去努力时，他是坚定有力的，也是勇往直前的。正是因为心中有梦，面对眼前的困难，他才会迎难而上，因为他知道他在实现梦想的路上。

思考与练习

1 孩子小的时候，每一个想法都是一粒种子。抓住这个瞬间，帮助孩子提供养料，这粒种子就可以破土而出，长成一棵参天大树。回忆你为孩子的梦想做出的努力，列举 1~3 件事例，并写下来。

A.

B.

C.

2 孩子有没有自己的榜样人物？他究竟是谁呢？这位名人或者伟人有传记吗？如果有，可以和孩子买来一起读；如果没有，和孩子一起查找这位榜样人物的资料。

孩子的榜样人物是：

相关人物传记读本有：

查找相关资料（可以是文字资料、影音资料，或者是馆藏资料等），并将查到的资料写到下面的横线上：

3 对于孩子现阶段的梦想，你觉得你现在能帮助到孩子的是哪些？列举三点你想到的，并写在下面的横线上。

4 找到孩子自己要什么，激发孩子最原始的内动力

电影《爱丽丝梦游仙境》中有个这样的镜头：月光之下的爱丽丝走到一个十字路口时，碰到了柴郡猫。

于是，她抬头问蹲坐在树杈上的柴郡猫："我应该走哪条路呢？"

柴郡猫问："你想要什么呢？"

爱丽丝对柴郡猫说："我也不知道。"

这时，柴郡猫告诉爱丽丝，"既然你不知道自己想要什么，那么你走哪条路都无所谓了。"

当一个孩子没有目标，自己不知道往哪里走时，孩子每天选择做或者不做什么都是没有意义的。

但是，学龄阶段的孩子都会被要求学习。学习是一种途径，努力学习是为了什么目标呢？

当孩子心里不清楚这个目标到底是什么时，任何的行动对他来说都是没有意义的。父母任何的指导对孩子来说都是硬性任务，他就像一头小牛一样被使劲牵着往前挪，时不时地还会任性不走……更不用说他可以主动思考怎样才能走得更快了。

珂珂是一个五年级的小男生，弟弟上幼儿园大班，爸爸和妈妈经营了一家机械加工厂。平时爸爸和妈妈工作忙，珂珂和弟弟由爷爷奶奶来照顾。

随着年龄越来越大，珂珂开始出现了厌学不写作业的情况。爸爸知道珂珂不写作业后，将他揍了一顿。从那天起，珂珂就像变了个人似的，每天认真完成作业。但一个月之后，珂珂就又恢复了常态，不写作业不交作业，甚至作业本都不往家里拿，撒谎说写完放在了学校。

珂珂妈妈觉得总是打他也不是办法。在好友的介绍下，妈妈来到了线下家长课。

课上，珂珂妈妈了解到SCORE模式，它是由美国罗伯特·迪尔茨（Robert Dilts）与托德·艾博斯坦（Todd Epstein）在1987年提出的，各字母代表：

S：症状（Symptom）：是目前的状态。

C：原因（Cause）：是产生症状，并使其持续存在的原因。

O：目标（Outcome）：是未来希望达到的状态。

R：资源（Resources）：是使目标达成及维持的因素等。

E：影响（Effect）：是目标达成后的结局或反应。

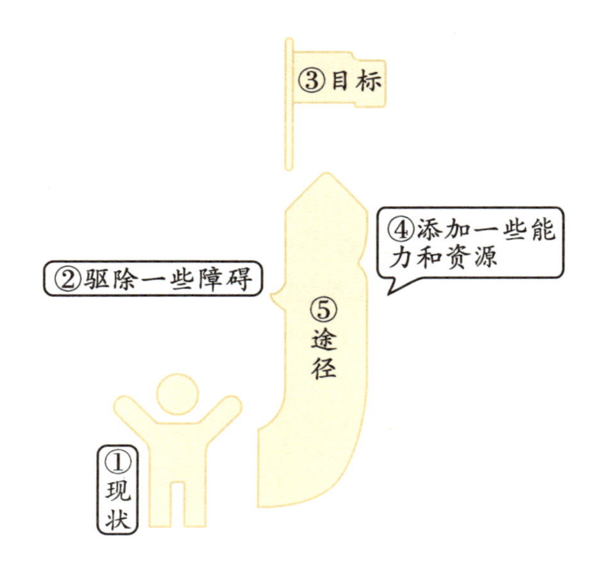

看完SCORE模式，珂珂妈才意识到，这孩子根本就没有目标。

因为珂珂爸爸和珂珂妈妈就从来没有目标意识，也从来没有和珂珂探讨过。

爸爸妈妈找了个周末，和珂珂一起探讨：未来想成为一个什么样子的人。珂珂想到了他在乐高机器人课上的各种创造，每次他都特别享受自己创作东西的喜悦。他神采飞扬地告诉家人，“长大了，我要成为一个发明家，为大家设计各种东西。”

在爸爸和妈妈的引导下，孩子知道了钱学森爷爷，了解到钱学森爷爷是“两弹一星”元勋，正是因为他，中国才有了导弹和原子弹。钱学森爷爷还被称为“导弹之父”和“火箭之王”。在一瞬间，珂珂内心对钱学森爷爷有了很多的敬畏和崇拜。

利用暑假的时间，爸爸妈妈带着珂珂和弟弟去了钱学森先生的母校上海交通大学。珂珂通过介绍知道了钱学森爷爷所学的专业是机械与动力工程学。

在交大的钱学森图书馆，通过一张一张的照片，珂珂还发现钱学森爷爷也在国外留过学。钱学森本来可以很好地留在国外，也会有很好的前途和很好的生活，但他为了报效祖国，最终还是回到了祖国的怀抱。

那一刻，站在钱学森爷爷归国的那张照片前，珂珂好半天都没有离开，他说：“爸爸妈妈，落后就要挨打。钱学森爷爷这是心里爱着自己的祖国啊！妈妈，如果我们自己不努力，又该如何强大呢？”

那一刻，珂珂妈妈看着眼前这个已经快赶上她高的儿子，眼睛瞬间湿润了。

是的，她一直以为他还是个孩子，觉得他只要每天做完作业就可以了，但是，他已经长大了，他开始有自己的思考和想法了，事实上，他什么都懂，什么都明白。只是因为自己和爸爸的疏忽，之前从来没有给孩子高度上的引领。

再后来，珂珂看到归国前西装革履的钱学森爷爷归国后穿着朴素的军大衣，给他的学生讲课，带领他的同事开会、做实验的照片，他喃喃自语："妈妈，如果没有钱学森爷爷的带领，我们发明导弹、原子弹的时间一定会大大推迟，我现在明白为什么钱学森爷爷是"两弹一星"元勋了。我也要像他那样，成为一个对祖国有用的人，为祖国做贡献。"

伟大领袖毛主席教导我们："做一个高尚的人，一个纯粹的人，一个有道德的人，一个脱离了低级趣味的人，一个有益于人民的人。"对于小孩子，当他亲身感受到这样一个人，这份触动就会激励着他模仿榜样的力量，激励着他在学习上遇到困难时可以用各种方式去攻克，因为他的内心有梦，有个很大的梦……

尤其是，当珂珂看到图书馆中陈列着一排排一列列钱学森爷爷看过的书、写过的札记时（据说，他一生看过三万多本书，而在这里陈列的只是其中很少的一部分），这让珂珂既诧异又崇拜。

珂珂更加知道要成为一个对社会有用的人，首先要用知识来武装自己。他也更加了解《三字经》中所说的"子不学，非所宜，幼不学，老何为"，只有小时候为自己的梦想努力了，长大后才能有所作为。

在参观了钱学森图书馆之后，珂珂在学习上的劲头越来越大，不但每天准时完成学校的作业，自己课余时间也开始读一些课外书。

妈妈还给珂珂买来了《钱学森传记》，珂珂如痴如醉地了解着钱学森爷爷的故事，他和爱人蒋英的爱情故事，他和毛泽东爷爷 5 个手指头的故事……

每一个故事的营养就这样细细地流淌进珂珂的心里，就这样珂珂心智越来越成熟，学习的动力越来越足，从原来不爱写作业的学生成了班干部。

当孩子有了目标，他就有足够的能力去克服生活里的那些障碍。

同时，因为孩子看明白了自己要达成自己的目标，当下的学校学习虽然不是唯一的途径，却是最有效的途径。当他高度认可了每天所上的课，所写的作业，这时他不但有能力解决生活中的障碍，还有能力超越那些障碍。

后来，珂珂妈妈告诉我，以前珂珂学习的时候，妈妈催，珂珂就觉得妈妈是在监视他逼迫他，让他做自己不想做的事情。

在孩子有了目标以后，他主动要求妈妈早上提醒他 6：10 分准时起床，主动要求妈妈对自己作业更严厉一些，主动要求妈妈给自己买一些名人传记回来读。

这时的妈妈，不再是站在他的对立面上，而是成为他的资源，成为他的帮助者。更让爸爸妈妈感到意外的是，以前孩子去工厂就在办公室里和弟弟玩，逗逗小狗，玩玩乐高，偶尔还和弟弟抢东西打架。

自从树立了发明家的梦想，每次去了工厂就会问爸爸，他能不能去工程部的叔叔办公室看图纸，从一些简单的发动机皮带轮到更复杂一些的不规则的加工件，他已经慢慢可以看得懂。

偶尔图纸上有些英文标识，他也因此学会了 T 是 tolerance（公差），F 是 finished（加工品），R 是 rough（毛坯），并有意识地去学习工程英语。

更让他激动的是，他看到工程师叔叔通过一张张设计图，通过铸造车间、加工车间，一路把自己的设计做成成品，放到汽车上去。目睹了整个过程的珂珂，觉得很炫酷。

以前妈妈带他去工厂，珂珂会觉很无聊，而现在珂珂最激动的时刻就是周末写完作业可以去工厂参观。

用珂珂妈妈的话说："她看到儿子梦想的种子在深深地扎根。"

这个部分，我们会发现，当目标不清时，我们无法很好地抓住我们周围的资源或者根本看不见这些资源。当我们有了明确的目标，就会发现身边有很多资源，甚至，我们还可以有意识地去开发很多有助于实现梦想的资源。是的，如果没有方向，东西南北风都是逆风。对于孩子的梦想，你可以如何去引导呢？有哪些可以帮助他的资源呢？

思考与练习

1 结合罗伯特·迪尔茨（Robert Dilts）与托德·艾博斯坦（Todd Epstein）在 1987 年提出的 SCORE 模式，帮助孩子找到他的人生目标才是作为家长最应该引导孩子到达的方向。针对孩子的人生目标或者阶段目标，你接下来马上就可以做的事情有哪些？把想到的 1~3 点写到下面的横线上：

……………………………………………………

……………………………………………………

……………………………………………………

2 如文中的珂珂一样，当他知道自己的目标时，周围的一切人和物都会成为他实现目标的途径和资源。当孩子的目标越来越清晰，你发现身边可以帮助孩子的资源都有什么？和孩子一起讨论，并写下来：

……………………………………………………

……………………………………………………

……………………………………………………

3 当孩子内心不清楚这个目标到底是什么时，任何的行动对他来说都是无意义的。父母任何的指导对孩子来说都是硬性任务，他就像一头小牛一样被使劲牵着往前挪，时不时地还会任性不走……一旦孩子的目标清晰，父母同样也是孩子最好的资源、最好的支持者，孩子希望爸爸妈妈做什么来帮助自己更好地完成目标呢？把想到的 1~3 点写下来。

....

....

....

孩子的梦想
——目标要分解，才能更好地实现

罗马不是一日建成的。

当孩子有了梦想，只有每天朝着目标一点点迈进，才能最终实现。

磊磊上五年级，他的梦想是考入国防科技大学，成为一名军人。

具体如何去实现呢？

磊磊并没有清晰的方向，妈妈也不知道该从哪里入手去引导磊磊。

当磊磊来到我的工作室，我给磊磊看了一个图表。

梦想

远期目标
(高考)

中期目标
(中考)

近期目标
(小升初)

学期/学年目标

每日/每周/月计划

看着金字塔的顶端，磊磊顿时眼前一亮，他激动地说：“温老师，我看到梦想在金字塔的顶端。这是不是说梦想的实现，是下面一块一块的基石搭建起来的？”

我肯定了磊磊，同时也补充道：“是的，磊磊，你看在这张图上，仅仅有梦想还远远不够，还要有长期目标、短期目标，最重要的是，还要落实到每月、每周、每天的行动上。”

同时，看到这个表格，妈妈还意外地发现，事实上，除了高考的国防科技大学之外，之前她也和磊磊沟通过中考和小升初的目标。

看来磊磊和妈妈已经有了很好的目标意识，他们已经在日常生活中，针对梦想做了一系列目标的分解。接下来，就让我们一起来看看如何更系统、更细致地引导孩子将目标一步步落地。

一个好目标，自身需要具备 7 个要素，要符合 PE-SMART 原则，那这 7 个要素，分别是什么呢？

P—Positively phrased：用正面语词组成。

E—Ecologically sound：符合整体平衡。此目标是否影响了其他目标，是否和其他目标冲突。

S—Specific：清楚明确，这里指的是目标一定要明确，不能够模糊。

M—Measurable：可以度量，是否有一个实现进度的标准。

A—Attainable：在付出努力的情况下可以实现，避免设立过高或过低的目标。

R—Relevant：目标必须和其他更高的目标具有相关性。完成这个目标，对你的其他目标有何帮助？

T—Time-based：时间限制，即一个目标只有在一定的时间内达成才有意义。

那如何将目标一步步分解呢？先看一下磊磊的远期目标：高考要考上国防科技大学。

P：是否正向？

是的，考上国防科技大学，是非常正向的目标，符合 P。

E：是否三赢？

是的，考上国防科技大学，是你好我好大家好的好事情，符合三赢的整体平衡原则。

S：是否清晰？

是的，学校足够清晰。

M：是否可度量？

是的，到了时间节点，可以清晰地看到考上还是没有考上。

A：是否是通过自己的努力可达成的呢？

磊磊现在才上小学五年级，通过努力，7年后考上国防科技大学的目标是有可能达成的。

R：与什么相关联？

与当军人的梦想是相关联的。

T：时间节点是否清晰呢？

是的，时间节点清晰。

有了这样一个远期目标，磊磊在妈妈的帮助下又进一步明确了中考目标：考上G中学，G中学在当地属于一所重点高中。继续往金字塔的下方看，小升初是按照小学学籍实行电脑派位的，磊磊所在的学区，有可能会被排位到A、B、C三所初中的任何一所，所以，上哪一所初中不是自己通过努力就可以达成的，但可以将小升初时的考试成绩作为目标。

我了解到，从小学一年级到现在五年级，磊磊的语文和数学成绩都非常好，唯一不太满意的就是英语成绩。我给磊磊的建议是，可以将提高英语成绩作为小升初的具体目标。

经过商议，磊磊和妈妈制定了小升初的目标：英语成绩从现在的90分左右，提升到98分。

小升初目标确定之后，磊磊发现包括小升初考试之前，在小学五六年级，还剩下3次期末考试。接下来，就该制定短期目标了，因为小学五年级上学期还有1个多月就要结束了，所以磊磊和妈妈不约而同地选择了以五年级下学期末为节点，制定短期目标：英语成绩从现在的90分左右提升到95分。

5分听起来虽然不多，但磊磊觉得对自己来说压力还是蛮大的。而妈妈发现，从现在到5年级下学期期末，去掉暑假还有5个多月的时间，以月考作为检视机会，也就是说，一个月只要提升1分，就可以达成小学五年级学期末的目标了。听到这里，磊磊的眼睛顿时亮了，很有信心地说："我相信我可以的。"

通过一步步地目标分解，军人的梦想也在一步步地照进现实，变得不再遥远，而是更加清晰和触手可及。此时，磊磊和妈妈都信心倍增，接下来最关键的一步，是如何将目标落地为行动计划，如何制订落地可操作的行动计划。

有了目标，磊磊和妈妈又商定出了符合PE–SMART原则的周计划：

听：每天听英文故事音频20分钟（音频资源由妈妈按照磊磊的听力水平和兴趣进行筛选）

说：每周末参加一次英语演讲俱乐部活动。

读：每天读英语绘本20分钟（绘本资源由妈妈和磊磊商定后，列出书目清单）。

写：每周用英文写一篇周记，不少于300个单词。

此外，妈妈还答应磊磊，每月都会陪他去影院看一部英文电影，并且在小学五年级学期末的暑假里，还会和磊磊一起去加拿大参加亲子游学夏令营！磊磊听后高兴得又蹦又跳，他拍着胸脯对妈妈说："妈妈你放心，这个周计划，我一定保证按时、保质、保量地完成！"

很多时候，家长和孩子制订计划时，一般会用继续努力、多阅读、多读国学经典、多做家务等类似字眼，这样的目标非常虚泛，一旦没有做，也很难监督，即使做了，也有可能会因为标准不明确而引发孩子和家长之间的意见不统一，甚至矛盾和冲突。通过 PE-SMART，会让目标和计划更容易监督，也更容易引导着孩子一步步去落地达成。

也许通过梳理，孩子要做的事情还是之前那些，但因为孩子内心清晰地知道这些事情之间存在的关联，也知道每天的计划完成情况会一步步影响到自己的远期目标和人生梦想。所以，孩子的内在动力是完全不同的，外在行动力也是完全不同的。

没有分解，就没有目标的实现。在孩子梦想实现的路上，确保孩子了解清晰可量化的目标，是孩子梦想实现的基石。和孩子一起坐下来谈谈本学期的学期目标，并一步步进行目标分解吧！

思考与练习

① 和孩子一起制定自己的目标分解图，并认真地写下来：

梦想 ____________________

远期目标（高考） ____________________

中期目标（中考） ____________________

近期目标（小升初） ____________________

学期/学年目标 ____________________

每日/每周/月计划 ____________________

② 和孩子讨论确定，每一个目标达成后的庆祝活动可以是什么?

学期 / 学年目标：…………………………

近期目标：…………………………

中期目标：…………………………

远期目标：…………………………

③ 针对学期目标，语数英三门的具体目标是多少? 自己要采取的每日行动是哪些?

上学期成绩：语文：………分 数学：………分 英语：………分

本学期目标：语文：………分 数学：………分 英语：………分

为了达成以上目标，将想到的行动写在下面。

…………………………………………………………

…………………………………………………………

…………………………………………………………

本章小结

1/ 某些看上去的时间管理问题，实际上是孩子内动力问题。只有构建好孩子的安全感和资格感，孩子才会动力满满，为自己的人生而战。从第一和第二节关于安全感和资格感的案例中，你得到的启发有哪些？请列举 1~3 点。

2/ 帮助孩子找到目标，信任孩子，并通过 SCORE 模式一步步帮助孩子实现目标，这个过程凌驾于时间管理之上，同时也是孩子真正做好时间管理最重要的部分。通过这段时间的学习，你和孩子在找到孩子的目标上做了哪些有效的探索？把具体行动写下来：

3/ 运用 PE-SMART，会让目标和计划更容易监督，也更容易引导孩子一步步去落地达成。家人一起分享自己使用 PE-SMART 的事例，相互学习并相互鼓励：

爸爸使用的事例是：

妈妈使用的事例是：

孩子使用的事例是：

4/ 通过本章的学习，列举孩子变化最大的三点，写下来，并当面告诉孩子。

第八章
时间管理实战篇（一）

——全面解决那些让妈妈操心的生活问题

一只新组装好的小钟放在了两只旧钟当中。

两只旧钟“嘀嗒”“嘀嗒”地走着。其中，一只旧钟对小钟说：“来吧，你也该工作了，可我有点担心，你走完了 3200 万次后，恐怕便吃不消了。”

“天哪，3200 万次！”小钟感到惊讶不已，“要我做这么大的事？我办不到！办不到！”另一只旧钟说：“别听他胡说八道，不用害怕，你只需要每秒钟摆一下就行了。”

小钟很轻松地每秒钟“嘀嗒”摆一下，在不知不觉中，一年多过去了，它摆了 3200 万次。

在这个小故事中，你学到了什么呢？

每位父母都希望自己培养出高效自律的孩子，其实，我们不必想一个月甚至一年之后的孩子要怎样，我们只要想着今天我能做什么帮助孩子更好地在时间管理上进步一点点，成功就会慢慢向我们靠拢。

1 睡觉管理
——孩子睡前特兴奋，作息时间没规律？

云是一对双胞胎的妈妈，两个孩子悦悦和铭铭今年上二年级。

云告诉我，9:00是孩子们熄灯睡觉的时间，每天晚上8:30到9:00是她最煎熬的时间。每天她都需要扯着嗓子吆喝这个吆喝那个，但即便是这样，两个孩子没有一次可以准点躺到床上。

从8:30到9:00中，她会喊无数次：

“赶紧洗漱！

“赶紧看绘本！

“赶紧上床！

“赶紧关灯！”

……

两个孩子每次都是在妈妈的声嘶力竭、心惊胆战中极不情愿地睡去，偶尔还会因为动作太慢而挨揍。

每次吼完打完孩子，看着睡去却一脸泪痕的孩子，云会不断问自己为什么八年了自己还是做不好妈妈这个角色？那种深深的挫败感和无助感折磨着云，她不知道问题到底出在哪里。

一般情况下，孩子晚上不愿意睡觉，有很多可能的原因：比如白天的体力消耗小，精力过剩；父母睡觉没有规律，经常熬夜，孩子对时间没有概念；妈妈和爸爸平时工作比较忙，孩子希望得到父母的陪伴却得不到充分满足；孩子白天上课，晚上好不容易写完作业又到了睡觉时间，玩的时间被严重压缩；等等。

在和云沟通后，云发现两个孩子每天完成作业后，希望能和妈妈好好地玩一会儿。

但因为云特别焦虑孩子的睡觉时间会晚，总是心神不宁，在玩的过程中，无法真正和孩子投入地去玩，孩子无法得到真正的满足，从而形成了一种恶性循环。再加上孩子没有惯例表，并不知道下一项事情应该做什么，就只能等着妈妈的命令。

于是，云描述的场景就出现了。过了一会儿就会传来妈妈的声音：

“赶紧洗漱！

“赶紧看绘本！

“赶紧上床！

“赶紧关灯！”

……

因为妈妈的焦虑和烦躁，她的声音急促声调极高，动作上急急火火。

大家可以感受一下，妈妈的这种气场和能量状态之下，家里的睡前气氛是怎样的呢？是的，家里的气氛是紧张且杂乱的；而睡觉之前，放松沉静的环境却是孩子能够快速入睡的前提。

当云抽离出来在局外看每天睡前忙忙碌碌的自己时，云忍不住笑了。她自嘲地说：“温老师，我太入戏了，每天忙着演戏，都没有时间停下来看自己到底在演什么戏。”

她也意识到，只有自己放松下来，孩子才能真正安静下来。从那之后，每天晚上 8：30 她就开始放一些轻音乐，躺在床上跟随音乐做放松冥想，让自己完全静下来，有好几次，她自己就先昏昏沉沉地睡过去了，连孩子什么时候睡的都不知道。

营造放松而安静的环境是让孩子进入睡眠状态的前提，在这个基础上，借助以下三点，可以帮助孩子大大提升入睡效率。

第一，睡前惯例表

睡前惯例表的用意是让孩子自己知道什么时间应该做什么，长期固定下来形成惯例，便可以形成稳定的生物钟，而不需要每天通过外在的“妈妈闹钟”来提醒自己。

长期坚持同一个时间做同一件事，可以帮助孩子形成一套程序化的内隐记忆，孩子再去做的时候便是一种快速的自动化状态，甚至不需要耗费能量去想下一步应该做什么，这时候孩子做事情自然非常高效。

云和两个孩子沟通后，确定了 8:30 到 9:00 之间的睡前惯例表：

1.8:30—8:40 洗漱

2.8:40—8:55 绘本时间

3.8:55—9:00 上床熄灯

两个孩子还根据自己的喜好，将睡前惯例表用水彩笔画成了一幅画，并张贴在了各自的床头。

这样一来，每天到了 8:30，云再也不需要扯着嗓子喊，“赶紧去洗漱”，而只需要轻声提醒，“孩子们，现在时间是 8:30，接下来我们要做什么？”因为提前有约定，孩子们听到妈妈提醒就会快速反应。一段时间之后，两个孩子也开始相互提醒，知道固定的时间应该做哪些固定的事。

第二，催眠语言的使用

故事中云在孩子没有去做应该做的事情时，她会大喊：

“赶紧洗漱！

“赶紧去看绘本！

“赶紧上床！

“赶紧关灯！”

……

大家听到这样的话，会有困意吗？是的，很多孩子晚上非常兴奋，入睡时间特别长，和爸爸妈妈说的一些话有关系。比如看孩子兴奋，家长会说：“你咋那么精神呢？”“你怎么还不困？”有的家长说了半天孩子还是不困，家长还会生气地说：“我看你是睡不着了。”

事实上，我们不妨试着用轻柔缓慢的语调加一些催眠的语言。缓慢地阅读接下来的这段话，感受一下催眠语言的使用：“当你看到这里，我知道你从早上忙碌到现在，你的眼睛有些累，有些沉，还有一些酸。是的，当你轻轻地按压自己的太阳穴，你的眼皮越来越沉，越来越沉，你能感觉到自己随时都要睡过去。是的，你真的好困，好困，好困……是的，你甚至还打个哈欠，随着这个哈欠，你感觉到自己越来越困，感觉自己马上就要睡过去……”

此刻的你，读完这段话，找到催眠的感觉了吗？是的，在睡前试着把你希望的方向用既定事实的方式说出来。比如，你希望他睡觉，那就说“我看到你眼睛快睁不开了”，而避免说“看你睁着个大眼，怎么一点都不困呢？”

第三，植入音乐心锚

在我的家长课上，我会经常给大家讲到一个词“心锚”，很多时候，我们会因为一种语气而信任一个人，因为一种气味而喜欢一个空间，因为一首歌而念起一个人，这都是“心锚”在起作用。这就好比成年后的你，依然念念不忘小时候吃过的老冰棍儿，炎炎夏日里，吃一口老冰棍才叫过瘾。事实上，你吃的不是冰棍儿，而是童年的记忆，是童年里种下的味道“心锚”在起作用。

悦悦和铭铭在上完时间管理训练营之后，分别用爸爸和妈妈的手机设定了一首轻音乐作为自己睡觉前的音乐。

每天晚上 8:30，他们甚至还会主动提醒妈妈："妈妈，妈妈，我开始洗漱啦，你要记得给我放音乐啊。"

在有了自己的睡前音乐心锚之后，每一次睡前听到自己喜欢的音乐，悦悦和铭铭就已经进入睡觉的状态。

当每天用同一首音乐，身体的感受已经深深地和这首音乐产生联系。一听到音乐心锚，就会有困意袭来，实际上是利用了自己的身体记忆。熟悉的音乐响起，身体的困意就被唤醒，锚定了睡觉的状态，便可以快速帮助孩子进入睡眠状态。

现在的家长可选的资源特别多，孩子第一次听的音乐或者故事尽量放在其他时间而不要放在睡前。如果在睡前给孩子今天听这个，明天听那个，第三天又换了新的，更换太频繁时，每晚的声音对孩子来说都是新鲜的音乐或者故事，就会因为好奇而越听越兴奋。

孩子的成长转瞬即逝，你是否想过每个睡前你的陪伴正在创造着孩子未来的回忆？我们已经不做孩子很多年，或许你已经不确定孩子最想要的是什么。你可以试着回到童年的一个个夜晚，去感受一下让自己印象最深感觉最温馨的场景是什么呢？是的，当你看见了自己想要的，也就了解了你在睡前可以给孩子创造怎样的回忆。

你希望孩子孩子长大后，想到童年的哪首曲子呢？想起哪种味道呢？记起爸爸妈妈什么样的表情呢？

思考与练习

1 回想以往在孩子睡觉前，你都用了哪些方式呢？是否也是用了"妈妈闹钟"呢？

是（　　　　）

否（　　　　）

其他方式：

2 参照文中悦悦和铭铭的睡前惯例表，引导孩子做出睡前惯例表，在固定的时间做固定的事情，并形成生物钟。

3 简单的事情重复做：找一首轻音乐，在每晚睡前固定时间播放，为孩子的童年植入一首美妙的音乐心锚。你会选择哪一首音乐呢？把想到的音乐写到下面的横线上。

2 起床管理
——孩子半天不起床，打仗一般拉起来？

莫莫是一位三年级的小女生，每天早上起床的时间她总是赖在床上不起。

妈妈每天早上都会喊：

“赶紧起床，时间不早了，赶紧起来洗漱！

“快点儿！快点儿！该吃饭了！

“啊，怎么还没有起床？！

“这都几点了？再不起床，饭都吃不上了！”

妈妈忙着做饭，叫一遍没起，再叫一遍还没有起床，每当这时妈妈就开始生气地吼她。进入小学后，三年过去了，妈妈每天早上这段时间总是非常忙乱，莫莫也因为每天一早都在妈妈的责备声中醒来，变得情绪越来越大。

有几次早上，莫莫哭得歇斯底里，说自己再也受不了了，不想上学了。

直到这时，妈妈才意识到问题的严重性。但她不明白为什么别人家的孩子都那么省心，自己的孩子却连起床都成问题，这到底是怎么回事呢？

当一个孩子在起床上有困难，要么她留恋在床上的感觉，要么她担心起床后的事情。

这让我想起，我家二宝牛牛刚上幼儿园时的状态，上幼儿园之前他起床非常容易，但开始上幼儿园之后，每天早上都会说妈妈先不起床，一会儿再起床。为什么上幼儿园之后会不愿意起床呢？在孩子的认知里，起床就意味着要和妈妈分开，所以孩子就简单地认为只要不起床就不会和妈妈分开。这个时候孩子不愿意起床，其实是孩子留恋和妈妈在一起的感觉，并且相对去幼儿园，他更愿意和妈妈在一起。

莫莫妈妈听到这里，回想了一下，她发现莫莫平时确实是比较黏她的。

尤其两年前弟弟出生后，莫莫总是说妈妈更爱弟弟，学习上三天两头被老师批评，心不在焉。每次被老师批评之后，回到家，妈妈和爸爸少不了数落她，不停地嘱咐她上课瞪起眼来，做好自己该做的事情。

在线下的课堂上，我们会经常通过角色扮演的方式让家长来感受多子女家庭中老大的心理状态。在老二出生后，老大会瞬间觉得原本全部属于自己的爸爸和妈妈被别人抢走了，她本能地感受到深深的不安，担心自己不再被爱，担心爸爸和妈妈更爱弟弟或者妹妹。

这种心理会促使孩子不断去试探这些担心到底是不是真的，那么，她会如何去试探呢？比如她可能会比以前更黏人，比如原本自己会做的事情，突然不自己做了，要求像弟弟或者妹妹那样被照顾，又比如在学校里闯祸或被老师批评等，这些都是孩子通过试探来观察大人的反应，来确认自己是否是被爱的。当然，在这个过程中，并不是孩子有意识地去做的，完全是在潜意识掌控之下去做的。

但是，当成人看到孩子的种种行为，因为没有足够的专业能力去辨别，我们看到的是孩子的各种退步，这时我们说出的话一定是指责的、讽刺的，甚至挖苦的。“你还不如一个小孩子，越长大越不懂事！”“你能不能让我省省心，照顾弟弟，我已经够忙活了，你这孩子，怎么这样呢？”“你又和妹妹抢玩具，你就不能让着点儿她？”类似的话让孩子感受到的是被嫌弃，而不是爱。这时孩子拿到一份确认：你看，果然，有了弟弟（妹妹），妈妈果然是不爱我了。

这份确认，会让孩子进一步进入到恐慌的状态，于是变本加厉地用各种“退化”的行为去唤起父母的关注，如此就进入了恶性循环。

了解了这些之后，莫莫妈妈瞬间明白了，为什么弟弟出生后，莫莫就变得非常黏人，情绪也变得特别敏感，动不动就哭，并且莫莫一哭，老人也会责备她，越长大越没出息。

她也明白了，为什么莫莫在学校里，总是被老师批评，心不在焉，原来她有心事，她一直在担心爸爸妈妈会不会不再像以前那样爱她。

早上起床，她多么希望爸爸妈妈和弟弟在另外一个房间起床后，能够过来抱抱她，但是都没有。每天她一睁眼，看到的就是妈妈抱着弟弟笑，转过身怒目圆睁，喊自己快点起床。她只是渴望妈妈的一个温柔的笑脸，一个拥抱。她自己甚至都不知道自己怎么了，她就是不开心，不想起床，更不想去上学。

看到莫莫起床背后内心的挣扎，回想老二出生之后，自己对莫莫说出的那些话，莫莫妈妈流下了后悔和心疼的眼泪，她强忍着眼泪，默默地叹息：“我的宝贝闺女，这三年你是如何过来的呢？”

在莫莫身上，我们能够看到，看上去是孩子的起床问题，背后会有深层次不容易被发现的心理活动。如果我们只是简单地、一味地、解决起床问题，但是深层次问题没有解决，在起床问题被解决后，极有可能会通过其他方面呈现出来。

莫莫妈妈在充分了解了莫莫的心理活动之后，安排了专门陪莫莫的时间，同时不再拿莫莫和弟弟做比较，不断提醒自己莫莫和弟弟一样，她还只是个孩子。

更重要的是，妈妈和爸爸不再要求莫莫必须让着弟弟，因为莫莫成为姐姐是无法选择的，而让姐姐时时处处让着弟弟，是非常不公平的，因为没有一个人可以选择自己出生的顺序。她，也只是个孩子，是比弟弟大一点的孩子而已。

莫莫不愿意起床背后的原因是她安全感的缺失，这部分孩子通过爸爸妈妈的理解和陪伴，起床问题会慢慢得到改善。

同时也有一些孩子安全感没有问题，只是早上有点赖床，我们也可以借助一些小的方法和技巧来帮助孩子起床，比如阳光叫醒法，帮助孩子轻轻地把窗帘打开一条小缝，让一点阳光进来；又比如音乐叫醒法，可以播放固定的《三字经》或者《声律启蒙》这样的国学经典，还可以播放一首孩子喜欢的音乐。当给孩子注入音乐心锚，孩子再次听到这个声音，身体就会慢慢苏醒调整到起床状态。

在这些方法的配合下，家长的状态也非常重要，就像本章第一节中提到的，睡觉时要营造放松的家庭环境。早上起床时，同样需要给孩子营造一种放松的环境。大家可以想象，如果一个孩子醒来的第一声听到的就是家长急促嫌弃的大喊大叫，他的心情会很美丽，想快点起床吗？一天之计在于晨，在早上这个万物复苏的时间，我们也让自己深呼吸安静一点，放松一点儿。带着这种放松，我们还可以借助一些简单有效的沟通方式：

第一，认同孩子的感受

比如孩子醒来说：“妈妈，天气实在是太冷了，我不想起床。”当我们听到孩子这样说，我们大脑的第一反应就是：那怎么能行？这样是不对的！得赶紧给他改改毛病！这时，我们不妨先做一个深呼吸，先放下所有的担心，给孩子一个大大的拥抱，告诉他：“每个孩子都会爱上他的小被窝，尤其是这个有点儿寒冷的冬天的早晨，来妈妈抱一下。”

当孩子的感觉被认同，需要被满足，他的心情愉悦且放松，动作上自然就会迅速。认同孩子的感受，可能需要花两分钟的时间。想想以往，我们不认同孩子的感受时发生了什么呢？我们可能也需要两分钟甚至更多的时间给孩子讲道理或是一遍遍地催促。同样是花了时间，哪一种效果会好呢？

第二，催眠语言的使用

在孩子的起床问题上，我们还可以很好地借助语言的力量。

比如，此刻你就是那个赖在床上的孩子，你感受一下这两句话：

“快快快，就剩五分钟了，你还不赶紧起床！

“哇，孩子，今天你醒得很早，你还可以再在床上躺五分钟呢！再躺会儿，别着急。”

听到这两种表达，你分别的感受是什么呢？

第二种，是我在早上起床时和孩子们说的话。哪怕有时候时间很紧，我也会快速调整自己的呼吸，让自己沉下来说话，比如我会说：“哇，我们还有两分钟可以使用，时间还来得及，再躺两分钟也来得及。”

在这个过程中，我把“两分钟”这个信息传递给了孩子，另一方面，通过“再”“来得及”这样的词，让孩子感受到时间很宽松。所以我们前面也提到实际时间和心理时间的长度是不同的，当孩子认为“还有”两分钟而不是“只剩”两分钟，他会放松地享受这两分钟，并且心理上已经觉得足够了。

第三，游戏力的方式

我们一位学员妈妈在课上学习到语气语调在沟通中的作用比内容本身更重要，同样一句话，用不同的声调说出来，给孩子的感觉是完全不一样的。

于是，这位妈妈每天早上变换着各种声调说“孩子，起床啦”，有时还会用唱的方式。孩子觉得新奇，在欢快的气氛中自然就起床了。当然了，没有一种方式适用于所有的孩子，每个孩子都有自己喜欢的方式，如何通过游戏的方式，让孩子带着憧憬充满期待地开始新的一天，是我们每位家长思考的方向。

是的，我们每个人此刻正在编织孩子童年的回忆，我们可以做些什么让孩子在想起童年的一个个清晨，内心洋溢着感动和幸福的味道呢？

思考与练习

1 回想以往在孩子起床前，你是用什么方式叫孩子起床的呢？这种方式让孩子用怎样的心情醒来呢？

叫孩子起床的方式：……………………

孩子的心情状态是：……………………

2 只有孩子和家长内心的规则统一，孩子才会更好地遵守规则。孩子每天有固定的起床时间吗？如果有，恭喜你。如果没有，从现在起，和孩子定下每天的起床时间，你和孩子定下的起床时间是几点呢？和孩子反复确认，并写下来，一旦写下来，以后按照这个来执行。

孩子固定起床的时间是：……………………

3 回想孩子每天起床到出门这段时间，你和孩子是怎样的沟通模式呢？本节提到的三种沟通小技巧，选择一种去练习，在你的选择后面的括号里标上“☆”号。

A. 认同孩子的感受 (　　)

B. 催眠语言的使用 (　　)

C. 游戏力的方式 (　　)

你计划如何去做呢？写下你具体的行动方向。

3 吃饭管理
——孩子拖拉磨蹭食欲差，根本原因没找对

从人的生存本能上讲，吃饱肚子，让自己活下去活得好是动物本能。

但很多孩子在幼儿时期只有家长劝着或者追着才可以吃饭，进入小学之后吃饭也是各种磨蹭拖拉、食欲不振等，吃饭速度慢得像蜗牛，在你的身边有没有这样的孩子呢？

粒粒是一个小学三年级的小女生，一米三的个头却只有40多斤。

看着孩子这个样子，妈妈总是忍不住希望她多吃点。每次孩子说吃饱之后，粒粒妈妈总要负责任地再给孩子喂上几口才放心。

粒粒每天因为吃饭问题，都会被妈妈批评很多次，妈妈会说："你都多大了，吃饭还那么慢？""我怎么养了你这么个孩子？""都三年级了，你还让大人喂，说出去不怕被别人笑话？"

粒粒说每次听到妈妈说这样的话，粒粒的身体都会不由自主地佝偻起来，她很害怕，但是又不知道怎么才能快起来。

随着粒粒的年龄越来越大，妈妈的脾气也越来越大。再加上进入小学后，上学时间一紧张，妈妈又忍不住去喂。在喂的过程中，又是各种抱怨和指责。发展到后来，粒粒每次吃饭都觉得紧张，甚至还经常吃饭时干呕，她的吃饭速度也越来越慢。

在与妈妈的沟通中，我了解到粒粒妈妈为了照顾粒粒，从粒粒出生开始，她就全职在家，事无巨细地把粒粒照顾得非常好，并一手喂

到了六岁。在幼儿园粒粒也永远是吃饭最慢的一个，那时候，妈妈总觉得大点儿就好了。谁知道上了小学仍然很慢，这时候妈妈不淡定了，喂的同时开始了各种指责和埋怨。

结合我们第一章磨蹭背后的原因分析，我们不难发现，粒粒的这种磨蹭和拖拉背后存在能力问题。

粒粒从小到大，吃饭的能力没有得到充分地锻炼。

进入小学后，粒粒妈妈一看孩子慢就着急，一着急就喂，然后，孩子更得不到锻炼，就这样，形成了恶性循环。

当粒粒妈妈看明白粒粒的慢最重要的原因是能力没有得到锻炼，她放下所有的焦虑，陪粒粒一步步使用勺子和筷子，用勺子挖豆子，用筷子夹花生米。是的，粒粒小时候关键期没有锻炼的手部精细动作需要一点点去补上。

同时，粒粒吃饭没有食欲且经常拖拉，还有一个不容易被发现的原因，那就是吃饭这件事情对她来讲，很长时间里已经不再是一份享受，而变成了一个尴尬的时刻、被羞辱的时刻。孩子对“吃饭”产生的信念是什么呢？因为吃饭问题，她不断地被指责，她会觉得自己是怎样的一个人呢？

当粒粒妈妈清晰地看到她是问题最初的制造者，但是在孩子表现不好的时候，她又扮演了那个最严厉的指责者。

她的指责埋怨，让孩子越来越讨厌吃饭，甚至出现了干呕等情况的发生。同时，对于一直被照顾，也一直被羞辱的自己，粒粒也越来越觉得自己无能。一个连吃饭都无法照顾好自己的人，粒粒在同学面前能有多大的自信？

那一刻，粒粒妈妈才意识到自己是多么残忍。

但是，让粒粒妈妈很困惑的一点是：我也知道让孩子去锻炼，也知道不应该打击孩子，但现实中，根本控制不住自己，动不动就会干预孩子的吃饭，一不小心就说一堆打击孩子的话。

在这种状态下，知道而做不到，粒粒妈妈更多的是自己的能量被卡住了，她需要的不是时间管理的技巧和方法，而是需要静下心来探索，自己到底是怎么了？

我给粒粒妈妈分享了一位家长课学员的故事：

米米是一个小学二年级男孩的妈妈，在线下家长课上，她分享了童年里关于吃饭的故事。

她在 8 个月时，爸爸妈妈因为是双职工，无法照顾她，于是，就把她送到了远在西北地区的外婆家，这一送就是近 3 年。三年里，因为 20 世纪 80 年代的交通不便，米米一年能见到爸妈一次，整个 3 年里，她见到爸爸妈妈的次数不过三四次。

直到米米到了上幼儿园的年龄，她才重新回到了爸爸妈妈的身边。三年没有陪伴米米的妈妈，为了弥补三年没有陪伴孩子的亏欠，开始了对米米无微不至的关心和照顾。妈妈坚持的最好的一件事情，就是让米米每天早上吃一个煮鸡蛋，注意是每天。如果哪天米米不想吃，妈妈就会指责她拖拉磨蹭浪费时间，那一定要挨训甚至挨揍的。

有一天，米米真的不想吃，趁妈妈不注意，她小心翼翼地将鸡蛋放进了裤兜里。四岁左右的米米，转眼就忘了。晚上睡觉前，妈妈帮她脱衣服，可想而知，一天下来，那个可怜的煮鸡蛋依然躺在她的裤兜里，只是它早已面目全非，裤子上一片狼藉。

看到这一幕的妈妈，气急败坏地将米米狠狠地揍了一顿，同时，妈妈又做了一个重要决定：每天早上看着米米把鸡蛋吃下去，这一吃就吃到了小学毕业，童年中，吃早饭对于米米来说就是一种煎熬和折磨。

直到进入初中，住校的她才部分意义上摆脱了鸡蛋的困扰，但一到周末回家想到又要吃鸡蛋，她就会头疼，每次吃饭的速度可想而知。

但是妈妈不会知道她的头疼，就算是知道了也不会信的。因为她已经深深地掉进了“我是为了你好”这样的一个魔咒中，根本不去理会或者说根本看不到孩子到底是什么状态。

这个童年经历对成年后的米米又有怎样的影响呢？用米米的话说，他们家是不吃鸡蛋和蛋制品的，如果好友聚会，只要有鸡蛋出现，那么，今天吃饭的心情无论如何也好不起来了。只要是看到或者闻到鸡蛋的味道，就会恶心。

是的，身体知道答案，那些童年里的伤都藏在我们的身体里。

在米米的故事中，米米妈妈拼命干涉女儿吃饭的根本原因是什么呢？是米米妈妈三年时间里没有陪伴她而产生的深深的愧疚感。所以，当米米回到自己身边时，她一定要“用力”做些什么，这个过程是对孩子的补偿，同时，孩子一旦抗拒了这种补偿，她整个人就会陷入恐慌和不安中。

我让粒粒妈妈对照自己去感受，她自己到底怎么了？她的情绪到底卡在了哪里，需要她这样一直抓住粒粒的吃饭问题而不放手？

当粒粒妈妈带着这个问题去看自己时，她看到一个妈妈，九年时间只做了一件事——围着孩子转。

当她看到自己焦虑忙碌又六神无主的样子，她整个人的神情非常黯然和颓废，她一遍又一遍地抹着眼泪告诉我：在孩子出生九年后，没有老人可以帮助自己，她就一直全职在家照顾孩子，和社会处于半隔绝状态。她的世界里，只有一件事，就是要把女儿照顾好。

她的心里有个控制她但她意识不到的声音“就这一件事，你还做不好？那怎么可以！”

然后，就像我们前面看到的那样，她就开始了“用力”。

每个人在一个系统中，都会寻求价值感，自我感觉自己没有价值的人是恐惧的、慌张的、焦虑的，只有他感觉到“我是有价值的”“我可以做很多事”，这时他的内心才是安全的、安定的、安稳的。因此，我们就比较容易理解为什么很多老人喜欢养一些花花草草或者小狗、小猫、小鸟，在他的潜意识里，他会觉得：“你看我很重要。没有我，谁来照顾你们？”

在粒粒妈妈的分析中，我们可以看到她就是在求认同、求价值感。当她认为没有自己，其他人就过不好的时候，她便可以感受到满满的价值感。

一个孩子如果在吃饭问题上存在各种问题，那么他的背后一定有一个寻求价值感的成人。这个人认为一旦没有自己，孩子就活不好，甚至活不下去，所以我一定需要做点什么。而恰恰只有这个成人放下用力，孩子的内在感知才能打开，他知道什么时候吃，也知道什么时候不吃，他知道自己喜欢吃什么，也知道自己不喜欢吃什么，这才是吃饭应该有的样子。这时孩子在吃饭上才能真正愉悦起来，一旦情绪愉悦，动作自然就快了起来。

作为一个孩子，尤其是小学生，如果在吃饭问题上持续存在问题，那么作为家长的我们，是时候停下来好好地去探索一下自己，到底是什么能量，让我们在这样最自然不过的事情上迟迟不肯放手？

思考与练习

1 在孩子从小到大的经历中，对待孩子的吃饭问题，你是怎样的状态呢？请用三个形容词来形容自己的状态。

❷ 孩子存在吃饭磨蹭的问题吗？如果有，分析可能的原因，并写下来。

....

....

....

❸ 只有父母放下焦虑，身心自由，孩子才有机会真正在吃饭上实现“灵魂”自由，才能从根本上解决吃饭磨蹭的问题。你是一个在孩子吃饭问题上“用力”的人吗？如果是，看到自己的状态，抱抱自己，每天对着镜子对自己说：“亲爱的我自己，你已经做得足够好，即便你什么都不做，你也是有价值的。”

4 自由时间管理——浪费大把时间不心疼？

部分家长在孩子幼儿园阶段，丝毫没有意识培养孩子的时间观念。在孩子进入小学后，课业负担加重，时间紧张，看孩子各种慢悠悠就开始着急孩子怎么一点儿时间观念都没有。一天的时间下来，盘算一下基本没做什么有用的事，结果孩子还乐在其中，一点儿都不知道珍惜时间。

当我们提到“有用”，这个部分就牵扯到价值观的问题，究竟什么才是有用的呢？大人认为的有月和孩子认为的“有用”是一样的吗？当家长认为一下午的时间和小伙伴在小区的广场上玩 CS，玩卡牌是浪费时间，对于孩子来讲，可能是最享受的放松时刻；当家长认为去上街舞课才是正事，孩子或许更喜欢在海边的木栈道上跳来跳去玩整个下午；当家长认为周末全家人出去吃大餐看电影才是最有效地利用了时间，但是，孩子可能更喜欢窝在自己的房间里听他喜欢的音乐……到底哪一个更有用呢？到底哪一个对他 20 年以后的生活有更好的影响呢？事实上，没有人能够肯定地知道。

没有哪一种活动是绝对浪费时间的，每一种活动都有它存在的意义。

在自由时间模块，我们更重要的不是分辨哪个活动才是有用的，重要的是我们让孩子借由对自由时间的安排，开始思考：接下来的番茄钟时间，我想要的是什么？为此，我要做的是什么？有没有更好的方式达成我想要的目标？

这种思维方式，更重要的是，培养孩子随时能够听见自己内心声音的过程。有多少成人，活着活着就离自己原来越远了，根本就不知道自己真正想要的是什么。而让孩子从小能够听见自己内心的声音并遵从自己内心的声音，不妨从他学会安排自己的自由时间做起，而这个过程越早开始越好。

妮妮是一个幼儿园中班的小女生，她的哥哥安安是我们时间管理训练营的小学员。

妮妮因为年龄小没能参加课程，但妈妈陪着哥哥上完训练营之后，妈妈带着哥哥和妮妮一起使用训练营中的自由时间安排。

在妈妈和哥哥上时间管理训练营之前，妮妮每天从幼儿园回到家都是自由安排的时间，所谓自由时间就是没有任何特意安排，放了学就在广场上和小朋友玩，玩累了就回家吃饭，吃完饭，再玩一会儿就到了睡觉时间了。

起初妈妈觉得哥哥需要时间管理，妮妮还小只管玩就行了，不需要时间管理。

事实上却不是，我们常说“幼学如漆”，孩子在小的时候建立习惯，孩子就像是白纸，大人告诉孩子怎么做孩子就会怎么做，就在孩子的神经元网络中留下了印记，并因为一次次的重复，这条网络被稳稳地固定下来。但是孩子过了6岁再建立习惯时，就需要先打破旧有的方式，再去建立新的方式，这时候难免会产生更多的阻力，时间管理的训练更是如此。

妮妮妈妈通过学习了解到，越早学习时间管理，孩子就越容易养成好习惯。于是在给哥哥制定惯例表的同时，妈妈也按照番茄工作法给妮妮制定了放学后的时间表：

4:30—5:20 户外大运动时间

5:30—6:20 精细运动时间

6:30—7:00 晚餐时间

7:00—7:50 读绘本和识字时间

8:00—8:50 英语磨耳朵时间

8:50—9:00 洗漱时间

妮妮妈妈做完之后非常开心地发给我，说有了这个时刻表，孩子的作息时间规律了很多，连妮妮自己都知道在晚上七点开始看书；八点开始磨耳朵；九点躺床上睡觉。

收到妮妮妈妈的信息，我给了妮妮妈妈大大的鼓励，肯定了她说做就做的行动力，同时也给了妮妮妈妈一个小小的建议。我建议妮妮妈妈可以选取一个时间段中的一部分时间，让妮妮自己来安排试试，哪怕只有 5 分钟或者 10 分钟。这个过程不在于妮妮到底会安排什么，而是让妮妮有不断问自己“接下来我想做什么”这样的一种思维方式。

妮妮妈妈更改了妮妮放学后到睡觉前的作息时间表：

4:30—5:20 户外的运动时间

5:30—6:20 精细运动时间

6:30—7:00 晚餐时间

7:00—7:10 自由时间

7:10—7:50 读绘本和识字时间

8:00—8:50 英语磨耳朵时间

8:50—9:00 洗漱时间

这里面一个微小的变化是什么呢？

是妈妈给了妮妮一个 10 分钟的自由安排的时间。

当发现这一变化后，妮妮不停地问妈妈：“妈妈，这十分钟我到底应该做什么呢？”妈妈每次都专注且耐心地回答妮妮：“是啊，十分钟到底可以做什么呢？妮妮再思考一下，妮妮一定会有自己的主意。”

起初的三天，妮妮就这样不停地问妈妈到底可以做什么，结果每次还没有想好做什么，时间就结束了。妮妮觉得很沮丧，自由时间里什么事都没有做，浪费了。妈妈安慰妮妮，没关系，没有人一开始就做得很好，刚开始不熟练如何安排是非常正常的，并趁机和妮妮总结了时间的宝贵，一不留神，时间就过去了。

第四天，妮妮在7点之前就开始思考自由时间做什么。

在马上进入晚上7点时，她开心地从沙发上跳起来，激动地和妈妈说：“妈妈，我想用我的自由时间画一幅画送给姥爷。”

她快速地准备好水彩笔和画画本，坐好后，快速按下计时器开始认真画画。听着嘀嗒嘀嗒的计时声，妮妮非常专注，只用了不到8分钟，就完成了作品。剩下的两分钟，她还邀请妈妈代笔给姥爷写了几句感谢姥爷每天照顾自己的话。

当她看着自己10分钟画出的画，妮妮非常高兴，妈妈也非常意外孩子的效率竟然如此之高。回想之前妈妈给孩子安排画画时间时，孩子慢吞吞地准备，然后画画过程中不停地走神或者去吃点东西、喝点水、上个厕所之类，妈妈不由得感叹，只有这件事是孩子发自内心想做的，她才有真正的内动力。

从这一天起，每天妮妮都非常期待自己的自由时间，因为这个时间是她可以真正说了算的时间，也是她可以按照自己的想法做安排的时间。

除了画画，她还会整理一下自己的小书架，缝个小沙包，还会给自己做一个小小的水果沙拉，整理一下第二天的小书包，给家人通个电话……在妮妮坚持了半年中每天自己安排这十分钟之后，她的时间感越来越强，她可以非常清楚地知道画一幅画大约需要多久，缝一个小沙包大约多久，做一份小小的沙拉需要多久；并且她也越来越知道珍惜时间，甚至在和对方通话时，她还会告知对方，我的时间只剩下3分钟了，我们要尽快地结束对话，不然我的绘本时间就要推迟了。

整个过程，妮妮妈妈感觉非常惊喜和意外，她一直觉得孩子要上了小学才可以更好地学习时间管理，没想到，幼儿园中班的女儿吸收得非常好，执行得也非常棒；倒是哥哥因为小的时候只注重玩，没有在时间管理上用心，养成了松散和没有规划的状态，以至于现在改起来就不容易。

让孩子有一个可支配的自由时间，这个过程是培养孩子自我认知，提升孩子自信的过程，更是为后期孩子进入小学后自己规划时间做好铺垫。

更重要的是，孩子通过短短的几分钟时间的自我掌控，充分调动了他的积极性，让孩子知道时间的宝贵，更知道珍惜时间。当然，随着孩子的逐渐长大，自由时间也可以慢慢加长。

放一条长长的线，调一颗淡然的心，给孩子一个自由的灵魂，从给孩子一个可自主安排的自由时间开始。

思考与练习

① 孩子在每天的日程表上，有没有可以自主安排的时间呢？是多长呢？在你的选择后面的括号中标“☆”号。

A. 有（　　　）………… 分钟

B. 没有（　　　）

② 和孩子讨论一下，如果每天给孩子一段可自由安排的时间，放在哪个时间比较合适呢？多长时间合适？

时间段：

时间长度：　　　　　　分钟

③ 当孩子自主安排自由时间一段时期后，你发现孩子最大的一个变化是什么？请你写下来，并反馈给孩子。

5 电子产品管理
——沉迷手机游戏小视频，拿走手机就耍横？

当下，让孩子完全不接触电子产品，尤其是手机，是不容易的。

在孩子的教育上，相比之前的国学机或者随身听，手机给家长带来的方便是不言而喻的。从幼儿阶段到小学，各种丰富的 App 可以帮助孩子拓宽他的知识面，包括听故事或者听国学经典或者英语磨耳朵，一个手机就可以轻松搞定所有事情。但孩子在接触手机的同时，也接触了游戏和短视频，尤其孩子进入小学以后，操作手机的能力越来越强，再加上游戏和短视频一个接一个的兴奋点的设计，大多数孩子都会被游戏和短视频所吸引。

这时，一旦缺失了父母必要的引导，孩子就非常容易走弯路。

周周是一个小学五年级的男生，爸爸和妈妈在他四岁时就分开了，他跟着爷爷奶奶和爸爸一起生活，而爸爸因为工作的原因，会经常出差。

从小学三年级开始，作业群内打卡或者查阅一些资料，都需要使用手机。而爸爸经常不在家，家里老人都不会使用智能手机，于是就单独给周周买了一部手机，专门用于周周平时的作业打卡和资料查阅。

也就是从那时起，周周开始接触手机游戏，并一发不可收拾。

刚开始的时候写作业会心神不宁，总想着玩游戏。爸爸发现之后，开始管控，不让他下载手机游戏.后来，爸爸出差回来，他就删掉游戏，爸爸一走，他就再下载上。好几次，爸爸发现他假装睡了，确认爸爸睡觉之后，他就藏在被窝里玩手机。

几次给孩子没收，但终究还需要用。爸爸非常纠结，却不知道如何解决这个问题。

当一个孩子沉溺于玩手机，最根本的两大原因是：一是孩子缺少安全感和价值感，二是家庭生活中除了手机没有其他更好玩的事情。

如果一个孩子在家庭中没有安全感和价值感，一旦在虚拟的游戏世界里找到了自己的归属感和价值感，能感受到自己很棒很重要，同时又能感受到刺激和好玩，孩子大概率地会沉迷其中，无法自拔。也就是说，这个孩子在游戏里找到了生活中缺少的东西：爱、价值感、安全感、成就感、刺激、变化、丰富、好玩等。

周周爸爸带着这样的思路去思考，四岁起，周周和妈妈分开，爸爸一个人带。

说是爸爸带，实际上是老人在帮着带。

老人无论是体能上还是精神状态上，都无法给孩子需要的心理营养。很多时候周周奶奶也会抱怨爸爸总是出差，顾不上孩子。在这种状态之下的奶奶，自然也没有好情绪。周周更多时候都处于一种害怕和压抑的状态。

当孩子遇到手机，遇见刺激好玩的游戏，就像在黑暗里行走的人，突然看到了光亮。

对周周来说，手机是生活中仅有的光，让他兴奋，让他开心，更让他沉迷。

如果我的生命里有很多光亮，那么，当你拿走一个，我还有其他的，我不害怕；但如果我的生命里，只有这一个呢？所以，看到有报道说孩子因为父母没收手机，选择纵身一跳结束自己的生命，很多人不理解，不就是个手机吗？现在的孩子怎么这么脆弱？真相是，手机就是孩子生命中唯一的光亮。

一旦孩子沉迷于手机游戏，一定是宜疏不宜堵。家长可以借助专业的心理咨询和父母课程，通过不断构建孩子的安全感和价值感来从底层来解决问题。

一个安全感价值感缺失的孩子容易沉迷于手机，但即便一个安全感、价值感非常好的孩子，当他经常接触手机，依然有可能沉迷于刷视频和玩游戏。

这和视频和游戏的设计是有关系的。这些视频或者游戏设计中几秒甚至一秒就会设置一个兴奋点，让玩家陷在其中难以自拔。

球球是一个小学五年级的小女生，她学习成绩不错，也非常自立，妈妈特别相信她。在小学五年级时，因为打卡作业希望孩子自己来完成，妈妈就给她一部旧手机，让她独立完成作业。

让妈妈没有预料到的是，球球通过手机接触到了搞笑视频，闲下来就开始搜索和浏览。

妈妈发现球球的这种状态后，有点儿慌了，她没有预见到是这种结果。因此，在给孩子手机时，没有做任何的约定。但是接下来应该怎么和孩子沟通，是管还是让孩子去体验？

说实话，任何事情都有两面性，看搞笑视频，一定也有一些正面的意义，比如幽默或者豁达等。但当孩子沉迷于看视频，一旦养成了这样的休闲习惯，孩子无论从身体上还是精力上讲，都是弊大于利。

所以，没有特殊原因，一定要最大程度上减少孩子接触手机的机会，包括很多初中，已经明确禁止孩子使用手机，甚至在部分国家已经开始通过立法的方式禁止孩子在校期间使用手机、平板电脑以及智能电话等。

如果各种原因确实需要让孩子使用手机，使用前，一定要约法三章。

很多家长学习了一些新的教育理念，愿意相信孩子，觉得不要谈游戏色变，控制是控制不住的；甚至有家长说，等孩子玩够了，自然就不玩了。这种状态的家长心态很放松，从某种意义上讲也是一种乐观态度，但我们不要低估了游戏编程人员的群体智慧。游戏或者短视频都有专门的团队天天进行头脑风暴，研究如何不断改进才可以让玩家沉溺于其中，继续玩下去。如果我们用孩子那一点点的自控力去和一群人的智慧大脑去对抗，大概率我们会失败。看看我们周围那些拿着手机消磨时间的成人，成人尚且很难控制住自己，更何况一个没有意志力的孩子呢？

我们可以放松地对待孩子使用手机的问题，同时对孩子适当地引导，是必须的，也是必要的。

我们该如何对孩子进行引导呢？

第一，约法三章

给孩子手机时，约定手机的使用范围：在什么情况下可以用，在什么情况下不可以用，具体能用多久。能想到的细节，要和孩子提前明确地讲出来。

在这个时间点上，需要提醒一下家长的是：你对时间的态度也很重要。有的家长很豪气，对孩子说周末写完所有的作业就可以玩两小时手机，可以玩游戏，可以看视频，可以看电影。即便这样，孩子到了周末依然玩得不尽兴，还闹各种小情绪，爸妈被迫同意延长 10 分钟；但有的家长铺垫了很多，觉得游戏这个东西能不玩就不玩，目前学习阶段最重要的是把学习搞好，和孩子一遍遍确认，最终同意给孩子 20 分钟的手机时间。这时孩子会觉得 20 分钟特别长，如果哪天妈妈同意他再多玩 5 分钟，孩子能高兴得蹦起来。

家长对时间的态度也会直接影响到孩子的态度，我们觉得 20 分钟游戏时间已经很多了，孩子在心理上也会觉得20分钟确实很多；但如果我们张口就是按小时计算，孩子也会和大人一样觉得两个小时也是一瞬间，也觉得并不多。先问问自己内心的底线，有了方向，再和孩子沟通并确定。

第二，奖罚分明

有的家长特别用心，当孩子可以很准时地结束游戏时间时，家长会给予及时的肯定，告诉孩子，你有很强的自控力。当孩子可以连续30天或者更长的时间，严格遵守游戏时间，并可以很好地管控好自己时，我们不需要奖励但是可以和孩子庆祝，庆祝孩子的自制力自律性增强，送孩子一份小礼品或者和孩子去吃他喜欢的东西，让孩子感受到自己通过管理时间得到了家长的认可和肯定。

同时，如果孩子没有按照约定的去做，相应的惩罚措施也是必要的。否则，如果做到和做不到没有什么两样，家长在孩子心里的威信也会大打折扣。

每个孩子都希望自己的父母是有力量的，是有高度的，是可以引领自己的。如果我们不坚定，孩子钻了空子，得到了更多玩手机的时间，那么，家长威信的丧失给孩子带来的沮丧反而又会让孩子更无所适从，更没有力量。

第三，和善而坚定

规定的手机时间结束，孩子还不想放下手机，应该如何和孩子去沟通呢？

把自己想象成一个正在玩游戏的孩子，20分钟的游戏时间结束了。这时闹钟响起，但你还没有玩够，于是对妈妈说：“妈妈，我还想再玩一会儿。”

这时，三种不同类型的妈妈分别说了一句话：

权威型妈妈说：“你玩这么久了，还想继续玩，真有你的！让你停就赶紧停，我喊三个数，你赶紧结束，3、2、1……”

骄纵型妈妈说：“好吧，好吧，那就再玩五分钟，五分钟后咱们一定得结束。”

和善而坚定的妈妈说：“孩子，我们约定手机时间是20分钟，闹钟已经提醒时间结束了，现在你来决定是你自己关上，还是我来给你关上。”

听到这三种类型的妈妈的表达，玩游戏的你，分别有怎样不同的感受呢？

当你静下心来，你一定会感受到这些语言带给你的微妙的不同心理活动。无论是权威型还是骄纵型，从长远来讲，一定是不利于孩子的心理发展的；而第三种和善而坚定的妈妈，她对事实情况进行了客观的表述，并且给孩子选择，这里面既有对孩子的尊重，更重要的是在这份淡定自若的表达中，也有对自己的尊重。哪怕孩子因为我们的坚定而产生情绪，比如愤怒或者烦躁，我们只需要去允许他。因为这个世界没有人有义务随时照顾好他的情绪，每个人都“本自具足”，都具备了照顾好自己情绪的所有能力。

相信当我们给予孩子足够的爱，给孩子安全感和价值感，带着足够的智慧与孩子去沟通，孩子不会将注意力放在手机上。他会看到生活中更多的光亮，过丰富绚烂且更加有意义的人生。

思考与练习

1 孩子目前在手机的使用上，你有怎样的困惑呢？请把具体的困惑写下来。

2 结合文章里提到的三种类型的妈妈，大部分时间你是哪一种呢？在括号中打“√”号。

A. 权威型妈妈（　　）

B. 骄纵型妈妈（　　）

C. 和善而坚定的妈妈（　　）

为了避免 A、B 两种类型的妈妈在手机使用上对孩子产生的不利影响，做和善而坚定的妈妈，你想到的改变方向可以有哪两个？

......

......

3 在手机的使用上，你有和孩子约法三章吗？坐下来，和孩子讨论以下问题：

A. 手机可以用来做什么：......

B. 手机不可以用来做什么：......

C. 手机的使用频率和时长：......

D. 如果按照以上约定坚持了 7 天，庆祝方式是：......

E. 如果连续两次破坏了约定，惩罚措施是：......

F. 想到的其他约定：......

本章小结

1/ 通过本章的学习，睡觉管理、起床管理、吃饭管理、自由时间管理和电子产品管理这五大模块中，你在哪个部分的收获最大？列举三点，并写在下面的横线上：

2/ 在五大场景中，你发现孩子进步最大的场景是哪个？列举你做了哪些行动，促使孩子发生了这样的进步？

3/ 你和爱人在这五大场景的学习中，有哪些交流呢？试着问问对方发现孩子身上的变化有哪些？请将对方的反馈写到下面的横线上。

4/ 一路学习时间管理到现在，你最想和自己、和孩子、和爱人说的一句话是什么？请你写下来，并和他们分享。

我最想和自己说：

我最想和孩子说：

我最想和爱人说：

第九章
时间管理实战篇（二）

——全面解决那些让妈妈费心的学习问题

有一天，父亲对两个儿子说：“我给你们每人一把斧头去砍柴，谁砍得多，我就给谁一套房子。”

大儿子一听，马上拿了斧头飞奔到山上；而二儿子拿到斧头后仔细观察了一番，他发现斧头还没有磨。于是，他先将斧头仔仔细细地磨锋利之后才奔到了山上。

结果可想而知：二儿子不但用时少，而且砍的柴比老大多得多，因此，也赢得了爸爸给的大房子。

作为家长，你留意一下，在很多时候，你是否既希望孩子在学习中像二儿子一样“用时少，砍柴多”，同时又期待孩子和大儿子一样飞奔着去“砍柴”？你有没有发现，在孩子的学习上，我们对“砍柴”这个结果有天然的执着，对“用时”这个效率也有很高的期待，但我们往往忽略了培养孩子的“磨刀功”。本章中，让我们一起了解和掌握帮助孩子高效学习的三大“磨刀功”：情绪管理、习惯管理、作业管理。

情绪管理
——“先跟后带”，有效处理孩子的负面情绪

米多是一个小学三年级的小男生，爸爸妈妈是我们家长课的学员。

爸爸和妈妈在米多出生前就看过很多国内外各类育儿书，倡导赏识教育，坚决不给米多贴负面标签。从小到大，米多也觉得自己是个自立自律的孩子。

但即便如此，进入小学后的米多，面对各项作业依然状况百出，比如希望自己多玩会儿再开始写，在写的过程中，遇到困难就烦躁，碰到作业稍微多一些就开始各种各样的抱怨……

爸爸妈妈非常疑惑，“为什么我们那么努力，孩子面对学习依然有那么多的负面情绪呢？”

你是否有过和米多爸爸妈妈相同的困惑呢？

中国当代大思想家梁漱溟先生曾说：“人禽何异？禽，心为形役；人，形为心役。”所谓“教”，教化或者教育，要做的事情就是最大限度地减少人与动物的共性，扩大人与动物的差异性。简单讲，教育的过程就是剥离人的动物属性的过程。“剥离”过程中，会不会有痛？一定会有。

吃喝玩乐，是人与动物共性的部分，这部分任何人都不需要学习，天生就会，天生就喜欢；但学习本身却是一件花大力气的事情，学习上的愉悦感具有一定的滞后性。也就是说，孩子首先要耐得住寂寞，经过长期坚持和努力才会出现结果。并且，即便经历了前期的坚持和努力，结果都不一定是愉悦的，还需要继续坚持和继续努力。

因此，就像米多爸爸妈妈那样，无论家长多么理解孩子，多么试图保护好孩子的情绪，孩子在学习上依然会出现烦躁、抱怨，甚至愤怒的情绪，这都是非常正常的状态。

当孩子产生了这些正常的情绪，作为父母的我们如何做，才是行之有效的呢？

冉冉上五年级，他的学习成绩很优秀，从一年级到四年级，他一直是其他家长羡慕的“别人家的孩子”。

进入五年级后，课业负担逐渐加重，冉冉经常动不动就发脾气。

以前，妈妈给他讲讲道理，他一般都能听进去。但是，最近只要妈妈一开始讲道理，他就会心烦意乱地朝妈妈摇头，大喊着让妈妈不要再说了。

看着作业记录本上密密麻麻的作业，再看看烦躁恼怒的冉冉，妈妈一时间陷入了无助的状态，她不知道自己该做些什么，更不知道自己做什么才是对的。

冉冉妈妈也清楚地知道，孩子在有情绪的状态下，即便强制他开始写作业，他的学习效率也不会好，但应该怎么做呢？总不能一有情绪就不写作业吧？如果今天不写，明天不写，后天还不想写，怎么办？

我相信，任何一位家长，我们都会有这样的担心，孩子偶尔烦躁不写作业了，那下一次怎么办？这种担心也并非多余，如果一个孩子有了烦躁就可以不写作业的习惯，那么，大概率他下一次还会出现这样的情况。人都是趋利避害的，当一种方式可以让自己舒服，人就会不断去寻找这种舒服的体验。

即便带着情绪，也要记得看目标。

带着情绪，也要记得完成作业是一个学生的本分，是孩子应该完成的目标。而引导孩子带着情绪看目标有个前提，那就是我们要做好理解和接纳孩子的准备。

情绪尽管是非常正常的，但是让家长真正去理解和接纳孩子的情绪并不是一件容易的事。

很多家长一看到孩子在学习上抱怨就开始紧张，孩子是不是厌学了？孩子不喜欢学习了怎么办？一看到孩子在学习上畏难就开始烦躁，你怎么这么没用？就这点儿出息，这么点儿困难就开始退缩，长大了你还能干什么？

一紧张一烦躁就忍不住给孩子讲道理，道理讲得越多，孩子就越烦躁。本来烦躁只有五分，结果家长一开口，孩子的烦躁变成了十分。

大家回忆一下，或许你无数次和朋友抱怨自己的行业，抱怨自己的老板和同事，抱怨自己的薪水不够高、工作环境不够好，但你是不是依然在自己的工作岗位上坚守了一年又一年？孩子喜欢学习，并不意味着他会时时处处都开心，时时刻刻表达自己多么喜欢自己的学科老师，偶尔的抱怨和烦躁，是孩子的情绪需要一个宣泄口。

但是，当孩子偶尔抱怨作业太多，抱怨有些题自己不会，妈妈带着害怕带着担心带着烦躁，不停地劝孩子不要抱怨，赶紧好起来。这种感觉，就好比你和朋友抱怨你的老板太抠门，你的朋友一直说，“我看你们老板人不错，能摊上这样的老板已经很好了。”“你真是身在福中不知福啊，知足才能常乐，不要总看着自己得不到的。”你会觉得很爽吗？

是的，你的朋友可能说的都对，可并不一定能让你的情绪真正好起来。孩子在有情绪时，家长所讲的道理也是如此。听上去什么都对，但孩子就是不愿意听。

冉冉妈妈认识到自己讲道理会让孩子更加烦躁。孩子需要理解和接纳的不是所谓的道理。

后来，冉冉和妈妈抱怨作业多的时候，妈妈就带着理解和接纳的心情对冉冉说："是啊，今天的作业可真不少啊！""作业这么多，这可真是让人烦躁啊。""冉冉多么希望作业能少一点儿，这样就有更多时间去楼下和小伙伴玩了。"

得到理解和接纳的冉冉，情绪会慢慢好起来，然后快速地完成作业。在这个过程中，妈妈甚至什么都不用说，只是听他抱怨一下就好。

很多时候，作为家长的我们总是片面地追求所谓的正能量，似乎要孩子天天能量爆棚才可以。但现实是，每个人都有各种各样复杂的情绪，有开心也有不开心，这才是真实的生活。这才是生活本来的样子。当我们片面追求正能量，不允许孩子出现负面情绪，久而久之，孩子就学会了掩饰自己的负面情绪，把所有的情绪都埋进了心里，脸上却挤出笑容对父母说："我没事儿。"长此以往，对孩子的身心会产生的影响可想而知。

有的家长可能会担心，如果总是理解和接纳孩子的不良情绪，会不会助长了他经常抱怨的坏习惯？这样就更不容易把愉悦的情绪和学习挂钩了？我们可以倒推一下，如果孩子抱怨的时候，我们一味地讲道理或者用权威压制的方式让孩子去学习，效果会好吗？

理解和接纳孩子的情绪，是和孩子建立连接的第一步，这也是良好沟通的前提。只有关系好了，教育才谈得上可能。但在理解和接纳之后，并不是我们就什么都不做了，必要的引导还是需要的。

孩子在学习上出现情绪问题，我们要把握"先跟后带"的原则。理解和接纳孩子是"跟"，当我们"跟"到位，孩子感受到父母和自己是站在一起的，关系搭建起来，父母接下来的"带"才有可能。

冉冉妈妈在多次理解和接纳冉冉之后，冉冉的情绪比之前平复了很多，和妈妈的关系也越来越亲密。

这时，我给冉冉妈妈讲了学习中愉悦情绪的正向循环：学习前保持好奇，学习中保持兴奋，学习后体验愉悦；而恶性循环是：学习前产生恐惧，学习中出现无助，学习后体验到沮丧。同时，我告诉冉冉妈妈，可以把这两种学习的情绪状态讲给冉冉听。

冉冉妈妈特意找了个时间，给冉冉去讲这两种情绪体验。

冉冉看完这两种情绪状态，认真地看着妈妈说，“妈妈，我写作业之前的情绪不是恐惧，是看到很多作业而产生的烦躁。我和你说完，当你理解我时，我的情绪会很快平复下来，写完作业，我也可以体验到愉悦和成就感。我的情绪是在正向循环里。”

冉冉妈妈听到这里，长长地舒了一口气，她一直担心孩子对学习产生了负面情绪，担心不断理解他，会让他自己觉得自己抱怨就是对的，形成烦躁和抱怨的习惯，原来，孩子只是需要一个不良情绪的宣泄。

事实上，每个孩子都知道自己应该做什么不应该做什么，对于学习这件事情，他知道哪些是必须要做的。当我们给孩子呈现这两种学习中的情绪状态时，孩子的内心明确了：愉悦需要做，沮丧依然需要做。做是必须要做，但是用什么情绪状态去做，我是有选择的。

相信，当我们了解到学习中出现情绪是再正常不过的事，我们会做得更好；同时，在孩子出现不良情绪时，我们可以在接纳和理解的基础上加以引导，孩子会成为一位高效卓越的学习者。

思考与练习

1 不良情绪会影响作业效率，以往孩子在学习上出现情绪时，你一般会如何处理？将以前的解决方案写下来。

....

....

....

② 回看以往自己的处理方式，当你这样去做时，孩子的情绪是变得更好了还是更糟糕了呢?

……………………………………………………

……………………………………………………

……………………………………………………

③ 当孩子以后在学习上再出现情绪时，你计划说些什么来“跟”呢?说些什么来“带”呢?

先跟（搭建关系）：……………………

后带（正向引导）：……………………

习惯管理
——三步帮助孩子养成学习好习惯

好的学习习惯是孩子学习成功的一半。好的学习习惯到底有哪些呢？

我们能想到的往往就是按时完成作业，高效地完成作业，上课积极回答问题，会规划，能专心，能检查等。除此之外，还有一些习惯不容易被察觉，却实实在在地影响着孩子的学习状态。

斑斑是一个小学三年级的男生。

斑斑妈妈学习了很多西方的爱与自由的观念，并强烈认同学习是孩子自己的事情，作为家长，绝对不可以越俎代庖，因此，在学习上给了斑斑足够的自主权。比如放学回到家是先玩还是先写作业，妈妈让斑斑自己来决定，并深信孩子知道自己应该做什么。

起初斑斑很兴奋，自己说了算总是一件让人开心的事。但因为斑斑对时间把握不准，他总是先玩，吃完晚饭，7 点钟才开始写作业，这样一来，写到最后快 9 点时就开始哈欠连天。

斑斑爸爸觉得这样是非常不对的，应该在精力好的时候开始写作业，先写完作业再开始玩，但拗不过妈妈那套理论。在这种状态下，斑斑一直自己安排放学后的时间，做得不好的时候，妈妈也是振振有词，说错误是最好的学习机会，让孩子自己体验因为安排不好而导致的自然后果，慢慢地，孩子就学会自己管理自己的时间。

再后来，斑斑因为总是赶在最后时间写作业，情绪着急，身体困乏，写的作业质量可想而知，斑斑也因此经常在课上被老师批评写作业态度不端正。

斑斑每次体验到这些自然后果，非但没让他紧张起来，反而越来越讨厌写作业。每天放学回到家，满脑子就是玩，根本就管不住自己，作业一而再、再而三地拖到最后不得不写的时候才会开始。到最后，孩子甚至自己偷偷地不写作业，到了学校老师问就说作业忘到了家里。

妈妈非常恼火，觉得我给了你自由，让你自己去安排，你辜负了我的信任；另外妈妈也觉得明明很多书籍中，都倡导让孩子承担自然后果，为什么他尝到了自然后果后，依然不会调整自己呢？

斑斑妈妈的状态是很多学习了一些西方教育理念的妈妈常见的状态，一方面希望能给孩子自主权和掌控权，一方面看到孩子的状态并没有因为有自主权和掌控权变得更好，一时间陷入矛盾和纠结中，到底要不要给孩子自主权？

事实上，对于传统的中国父母，能有意识给孩子自主权，这本身是一种思想的进步，但是作为家长，我们必须要清楚地知道任何的自由也一定是有边界的，都是规则下的自由。当我们让孩子自己作主先玩还是先写作业，这本身是没有问题的，但我们同时要和孩子约定好，先玩的话，最长可以玩多长时间。到了约定的时间，就要按时写作业。如果我们完全放手，对于自律性、自制力还没有完全建立的孩子而言，他们太容易被诱惑。一旦总是无法按时完成作业，这个过程中给孩子的挫败感甚至会远远大于掌控感给自己带来的喜悦。如此，孩子就会越来越对学习失去好感。

孩子的成长没有回头路，一旦孩子在关键期没有把习惯养好，后面再去纠错就会变得非常困难，且效果也不一定好。到了高年级别人都在冲刺的时候，再去和孩子一点点建立习惯，可以说，对孩子的成长是极其不利的。从这个角度讲，父母通过自我成长，知其然并且也知其所以然，就会避免走很多的弯路。

斑斑妈妈在了解了孩子状态背后的原因后非常愧疚。她觉得是自己的教育理念有问题，才让孩子走了那么多的弯路。

我提醒她：看到自己的愧疚，接纳自己的愧疚。如果一直在愧疚里，我们什么都做不了，也是没有力量的。只有当我们把注意力转移到如何调整自己，找到对的方向去做，才会更加有力量。

斑斑妈妈在深思之后，和爸爸、斑斑做了深入沟通。她首先承认自己在学习新的教育理念方面，确实有很多地方理解不到位，做法上也有些偏激。她也表达了自己希望得到家里两位男子汉的支持，一起来解决已经产生的这个问题。

三个人经过讨论，确定了斑斑放学后的安排：他可以选择先玩，也可以选择先开始写作业。如果选择先玩，玩的时间不超过30分钟。斑斑借助外力的约束很好地脱离了自己管不住自己的困境。

这样坚持一段时间后，斑斑每天放学后尽情地玩，他可以选择玩15分钟再写作业，也可以选择玩30分钟再写作业，这个部分他有足够的自主感和掌控感。同时，又保证了他有充足的时间来完成作业。当斑斑写作业的状态越来越稳定，也越来越高效，他在学习上的热情也越来越大。

除了帮助孩子协调好玩和学习的时间，建立定时定点学习的习惯之外，在学习之初，帮助孩子建立认真的学习态度也非常重要。

熙儿是一个小学四年级的女生，人长得清秀，完成作业的速度非常快，但所有看到她字的人，都会惊讶得下巴差点掉下来。没有人可以把她那张牙舞爪的、潦草到无法辨认的字体和她清秀的模样联系到一起。

熙儿之所以会变成这个样子，和她上小学后爸爸的状态有关系。

爸爸觉得一个小女生，不需要像男生那样太刻苦，学习上跟上就可以了，孩子开心最重要。熙儿自己也知道，到了初中她就会出国留学的。正是因为爸爸的这种态度，熙儿经常随便应付作业，能快速写完交差绝对不会浪费一分钟时间。

直到有一次，熙儿在期末考试中作文得了零分，爸爸和妈妈才彻底震惊了。爸爸顿时就气不打一处来，他大声地呵斥熙儿："就你现在这个样子，出国就能学好了？"

在这个过程中，熙儿到底是怎样的状态呢？从小到大，熙儿在爸爸那儿接收的信息是：女孩子不用太刻苦。

但具体怎么做才是不用太刻苦？有的孩子认为熬夜刷题才是太刻苦；有的孩子觉得报很多补习班，每天马不停蹄才是太刻苦；而熙儿对爸爸这句话的解读是，作业写得差不多就行了，女孩不需要太刻苦……

正是熙儿的这种解读，让她一直觉得作业是个负担，只是为了给老师交差，从来就没有认真对待过作业。而爸爸妈妈一直觉得孩子小的时候写得不好，等孩子大一点儿就好了。没想到的是，小的时候写得不好的熙儿，长大之后竟然写得越来越差。直到这时，熙儿爸爸妈妈才真正紧张起来，尤其父母看到熙儿作文得零分时，瞬间不允许孩子不刻苦了。

熙儿爸爸这个"女孩不用太刻苦"的思想我们暂且不去讨论到底来自哪里，但可以确定这是一个病毒性信念。

在孩子小的时候，父母给孩子的指令一定要清晰且可视，"不用太刻苦"这样的模糊表达会让孩子无法真正理解家长的标准是什么。

在学习之初，认真的学习态度是孩子学习好的前提。为了让孩子清楚地知道"认真"的标准，比如我们可以拿一份写得认真的作业让孩子看到，这个样子是认真的。我们常说"求其上，得其中；求其中，得其下"，在孩子上学之初，一定要把认真摆在最重要的位置。当然每个人的天赋不同，不见得认真之后就一定学习优秀，但可以肯定的是，长远来看，没有认真的态度学习一定不会优秀。

除了协调好玩和学习的时间，培养孩子具有认真的学习态度之外，对孩子来讲，还有一个不容易被发现却时刻影响孩子学习效率的习惯是：整理房间的习惯。

有的家长可能会纳闷，整理房间和学习习惯有什么关系呢？

每一期的时间管理训练营，我会看到孩子们写字桌的照片：我发现，一个学习习惯不好，容易出现问题的孩子，都有一张杂乱无章的写字桌；而那些学习状态良好，在学习上高效的孩子，都有一个整洁有序的写字桌。

我们的潜意识，对温馨精致的空间有着天然的喜欢，而对于杂乱无章、混乱无序的环境有着天然的排斥。环境对一个人的行为会产生极大的影响，这就好比，我们进入一个富丽堂皇、琴声悠扬的酒店大厅不大可能出现随地吐痰的情况，但在臭气熏天、人声嘈杂的海鲜市场却可以轻易地甚至毫无觉察地随地吐痰。人在精致温馨的环境中，无论从心态上还是做事情的姿态上，对自己的要求也会瞬间提高，做事情的效率也会有所提升。

另外，在混乱的环境，好不容易找到一支铅笔开始写字，写错了又开始一通忙碌找橡皮，等所有文具找完，才坐下来写作业，时间已经过去半小时了。在这样的学习状态之下，孩子怎么可能会有好心情，又怎么可能会有高效的学习状态？

要让孩子有一个精致温馨的学习环境，首先，家长要在意识上重视这件事情。然后，再和孩子一点点朝着这个目标去努力。通过断舍离，通过物理空间上整理和舍弃一些无用的东西，真正实现内心的安定和平和，而断舍离的过程会在很大程度上改善孩子的学习状态。

同时，我也知道要让一个成人去改变自己多年的习惯，并不是一件非常容易的事，但如果一条路是对的，那么，即便慢一点儿，也值得我们去尝试。你愿意陪孩子一起去尝试吗？

协调好玩和学习的关系，拥有认真的学习态度，保持有序的学习环境，当我们做好这三步，孩子在学习上便有了基础的习惯保障。

正所谓“十年树木，百年树人”。孩子每一个好习惯养成的背后，都有父母一遍又一遍的努力和坚持。每个人在没有成为父母之前，并不知道如何做才是对孩子最好的。当我们带着谦卑，带着和孩子一起成长的心，借由陪孩子成长的契机不断成为更好的自己时，孩子自然也就成了最好的自己。

思考与练习

❶ 三个学习的好习惯：
协调好玩和学习的时间，养成定时定点学习的习惯；有认真的学习态度；整理自己的房间。
三个好习惯中，
孩子已养成的好习惯是：……………………
孩子待养成的好习惯是：……………………

❷ 翻看一下孩子的作业本或者练习册，你感觉孩子是一个认真对待作业的孩子吗？如果是，那么恭喜你，你给孩子培养了认真的好习惯，你是如何做到的呢？如果不是，请你分析一下，究竟是什么原因让孩子没有去认真对待学习这件事情呢？

……………………

……………………

……………………

❸ 拍一张孩子写字桌的照片，和孩子来讨论，看到这张写字桌的感受是什么？你觉得它的主人是怎样的一个人呢？这样状态之下的小主人，

学习会是高效的吗？为了自己的学习效率更高，写字桌可以有哪些提升空间呢？同时，作为家长，我们要清晰地知道孩子今天呈现这个状态，家长负有一半的责任。带领孩子一起收拾书桌，耐心地手把手教孩子，然后再拍一张收拾整理之后的照片。将两张照片做对比，并和孩子一起来感受这两张照片给了自己怎样不同的感受吧！

3 作业管理——家长做好这四点，孩子作业井井有条成学霸

每位家长都希望孩子回到家，经过简单休整之后马上去写作业。

事实上开始写作业很重要，在作业管理上，还有一些好的习惯可以帮助孩子更加井井有条，从而更加高效。

森森是一个小学四年级的小学生，说森森品学兼优一点儿都不为过。在同学的眼中，森森人缘好、会沟通；在老师眼中这孩子有眼力见儿，老师布置任务给他，总可以一百个放心。

但森森在家里的情况是怎样的呢？

从小学一年级到三年级，森森每天放学回到家，都会在妈妈紧张的催促下开始写作业。写完一项马上开始下一项，虽然看上去很高效，但森森写作业时，总会莫名地烦躁。

他感觉自己就像个提线木偶，丝毫没有自己的思想，确切地说他根本不需要思想。每天他都能听到妈妈的声音在自己的耳边不断回响：

“来，先写数学的《天天练》。

“哦，这个写完了，来我给你检查一下，趁这个时间赶紧去把英语预习一下。一会儿我给你检查听写。

“你又要开始休息？先别休息了，就剩下一点点作业了，写完一起休息吧！”

很多时候，森森听着妈妈的声音，觉得自己就像个完成作业的机器，写完一项又一项，改完一项又一项，直到妈妈脸上露出满意的笑容。偶尔做完所有的作业，他会趴在桌上偷偷地流眼泪，但是他不会让妈

妈发现。向来要强的妈妈怎么可能允许男子汉流泪呢，“男儿有泪不轻弹”是妈妈从小就教育森森的人生准则。

在这种状态下持续了三年，进入小学四年级的森森开始了疯狂的叛逆。一到写作业的时间就开始烦躁，并让妈妈赶紧从自己的房间出去。妈妈一开始觉得孩子可能情绪不好，给他空间让他冷静冷静，几天就好了。两个月过去了，森森依然对妈妈情绪很大，不同意妈妈陪自己写作业，但是妈妈不陪他写作业的两个月里，森森作业经常到了晚上11点还没有完成，就更别说作业的质量了。妈妈开始经常接到各科老师的电话，反馈森森作业状态非常糟糕，提醒妈妈一定要监督好森森的作业。

一边是老师不断的提醒，一边是森森说什么再也不同意妈妈陪自己写作业，直到这时，妈妈才意识到问题的严重性。森森妈妈一时间陷入非常无助和无力的状态，她不知道接下来自己可以做什么。

每个家长都希望孩子回到家写作业时，能够安排得井井有条，按部就班高效地完成。

这种期待本身是没有问题的。但是很多家长带着这样的期待，在孩子小学之初就铆足了劲儿帮助孩子养成这样的好习惯。家长努力去帮助孩子形成快速写作业的好习惯的心情是可以理解的，就像森森妈妈一样，她非常投入地帮助森森养成写作业的好习惯。但是，在帮助孩子培养好习惯的过程中，比写作业本身更重要的是培养孩子自我思考的能力，避免一不小心让孩子成为提线木偶。家长安排一项孩子做一项，这种状态短期内看上去特别有成效，但随着孩子年龄的增加，孩子自主意识的增强，总有一天，孩子会用自己的方式去反抗这种没有自主感和掌控感的状态。

那么作为家长，如何从一开始就让孩子在写作业时，发挥自己的自主性和参与感，让孩子能够按照自己的节奏去做事情呢?

首先，面对当天的家庭作业，比开始更重要的是静心。蔡邕先生在《笔论》中写道："夫书，先默坐静思，随意所适，言不出口，气不盈息，沉密神采，如对至尊，则无不善矣。"

在孩子开启写作业之前，家长急促的催促声短期内看不出对孩子的影响，但长时间下来，所有给孩子的压力和烦躁都会一点点沉入孩子的身体中，累积到一定程度孩子再也无法承受，就会出现淼淼这样的爆发。

在孩子开始写作业之前，可以让孩子借助轻音乐，让自己慢慢安静下来，通过和自己在一起的方式回顾自己一天的学习，同时提醒孩子和自己的潜意识做简单的沟通："亲爱的潜意识，接下来，我要开始两个小时的作业时间了，请求潜意识调整到作业状态，帮助我快速高效地完成作业。"一般 2~3 分钟的闭目静思就可以让自己安静安定下来，尽管时间很短，却对接下来的学习有着非常重要的意义。让自己静下来，并调整好自己身体的状态是写好作业的第一步。

当孩子安静下来，面对作业，"如对至尊"，就可以马上写作业了吗?

并不是，在这之前，还有一项非常重要的工作，那就是对照作业记录本，整体上审视自己所有的作业，比如先写哪一项，后写哪一项，让孩子自己开始盘算和规划。当内心有了整体的了解，再结合前面讲到的吃青蛙，从自己认为最困难的一项开始。这个过程是通过思考，帮助孩子构建脑神经网络的过程，从而培养孩子的规划力。长时间坚持，孩子这个习惯就会固定下来，一旦形成孩子的自动化反应，这个思考和计划的过程只需要一瞬间。

当孩子内心安静，并明确知道自己接下来要从哪一项开始时，我们还要提醒孩子同一时间只做一件事。

我们时间管理训练营有位叫汤汤的小朋友，在写作业的时候，经常时不时就玩起来了，很多时候，妈妈进入他的房间发现，作业还没有开始动笔，他却在绘画本上画了一幅画。刚开始妈妈以为等他长大一点儿就好了，结果到了小学四年级依然还是写作业的过程中各种小动作不断。

汤汤是个军事迷，有各种各样的武器装备，家里有很多各种各样的玩具枪支。

在训练营讲到同一时间只做一件事，我使用了狙击枪和机关枪的例子，告诉孩子们写作业的时候要用狙击枪，聚焦精准，同一时间只做一件事；而不能和机关枪一样，一通扫射目标不精准，无法高效完成。

汤汤回到家，给自己写了一行字：我是狙击手。并把这行字，贴在了自己的书桌上，每天写作业时，都提醒自己一次只做一件事。

不到一个月的时间，汤汤就改变了自己边写作业边做其他事情的习惯，可以非常有条理并高效地完成自己的作业了。

当孩子养成了写作业前静心，自己排计划，同一时间只做一件事的习惯，一个重要的提醒就是：让孩子利用好自己的作业记录本。

我们常说，好记性不如烂笔头，很多孩子说自己不用记，都在自己脑子里了。孩子容易记得不全暂且不说，所有的信息在脑子里其实是一团糟，这在孩子的潜意识中是非常乱的，这种乱的状态，也会影响孩子的作业效率。

家长要有意识地帮助孩子使用好作业记录本：写之前通过作业记录本，整理自己的内心，让自己内心有序地开展工作；完成一项作业后，在完成的这一项后面做完成的标识，并且这个动作要由孩子自己来完成。这样一来，孩子每完成一个，潜意识就会收到完成的信号，保持思绪的清晰。

很多孩子小的时候没有很好地使用好作业记录本，依赖各科老师发在群里的作业信息来写作业，一会儿看这里，一会儿看那里，没有任何条理可言。升入初中后，随着学业负担加大，作业量变多，又从头开始使用作业记录本。既然这个过程中迟早都要开始，不如让孩子从进入小学之初就养成自己记作业的好习惯，即便没有记全，回到家也要参考群里的信息补充进作业记录本。这个过程，是帮助孩子在学习上可以井井有条的非常重要一环。

相信很多家长在陪伴孩子的过程中，都会有自己总结出来的一些好的作业习惯。在原有的基础上，有意识地培养孩子上面的这四点作业习惯，会为孩子高效完成作业锦上添花。

思考与练习

1 以下四点都可以帮助孩子提升作业效率。分析目前孩子做得好的地方和需要提升的地方，并将序号填在下面的横线上。

A. 静心

B. 规划

C. 同一时间只做一件事

D. 用好作业记录本

做得好的地方是：……………………

需要提升的地方是：……………………

2 从小学一年级到现在，对孩子高效完成作业帮助最大的一个好习惯是什么？请你写下来，并告诉孩子这个点。

……………………………………………………

3 孩子，请在今天写作业前，和潜意识做一次沟通，看看会发生怎样的变化：“亲爱的潜意识，接下来，我要开始两个小时的作业时间了，请求潜意识调整到作业状态，帮助我快速高效地完成作业。”

让孩子感受一下和潜意识沟通的神奇，同时帮助孩子更好地固化静心。

本章小结

1/ 本章是关于学习中的情绪管理、习惯管理和作业管理，边学习边实战，才能最终从知道到做到。在本章学习的过程中，你做了哪些调整和变化？请将你想到的写到下面的横线上：

2/ 在你的调整和变化之下，孩子的学习状态也有了很大变化。从情绪管理、习惯管理和作业管理三个维度分析，你觉得孩子进步最大的地方是什么？请你写下来并告诉孩子。

3/ 阅读本书之后，你自己最大的变化是什么？看到自己的变化，你最想和自己说的话是什么？

我最大的变化是：

我最想和自己说的是：

4/ 回想一下，你是怎样遇到这本书的？是哪位朋友送给你或者告诉你这本书的呢？此刻你最想和这位朋友说什么呢？写下你要和对方说的话，并讲给对方听。

后 记

你才是孩子最好的人生教练!

亲爱的朋友，当您读到这里，我想您已经读完了这本“故事书”。

我知道在这一个个鲜活的故事中，或许您会看到自己的影子，或许您会感同身受到孩子，或许您会凝神思考，又或许您会静下来自我对话。我相信在整个阅读和思考的过程中，您的内心会一遍又一遍地确认：家长才是孩子真正的起跑线，家长才是孩子最好的人生教练。

本书为“教练们”提供了一套系统的工具、方法和实战案例，旨在帮助“教练们”更好地了解孩子，更好地引领孩子，更好地激发孩子。我想，此刻您已经迫不及待地想把自己阅读本书的欣喜分享给孩子、爱人、朋友、同事，甚至自己的父母。我知道他们也会因为您的这份分享成为一名更优秀的“教练”。

是啊，何止是孩子，事实上，作为成人的我们，也同样需要不同的“教练”。

在本书写作过程中，我的“教练们”给我激发，给我支持，给我鼓励，给我喝彩。正是他们一次次的肯定让我在18个月里完成了本书的写作，在这里深深感谢每一位：感谢秋叶大叔帮我看到了我写书的愿望，正是秋叶大叔对我的启发，才让这本书提前好多年送到了您的手中；感谢本书策划秦庆瑞老师，写作中，每写完一章，我都会第一时间发给秦老师，正是他一次次的肯定鼓励着我一章又一章地写下去、改下去；感谢我大学期间的老院长李民权教授和我高中班主任赵合岭老师，和我探讨书稿修改意见，帮我写推荐序，用默默付出来支持我、鼓励我；感谢出版社编辑闫风华老师及其幕后其他老师，参与稿件一次次的修改与校对。

除此之外，感谢对我书稿提出宝贵意见的前辈与同行们：张晓丽老师、雷殿生老师、孙力老师、李逸龙老师、冯耘老师，冯苏齐老师、花莹莹老师、刘玉兰老师、马飞鹏老师、魏世强老师、禹同军老师、杨文军老师、向前老师、明宇老师、陈雷老师、徐智鹏老师、石卉老师、陈兴华老师、于明东老师、徐晓东老师、刘琳琳老师等，原谅我无法一一细数所有人。在这里，也特别感谢我的家人和朋友，是你们平凡生活中点点滴滴的陪伴，给了我不断向前的源动力；更感谢书里所有案例中的家长和孩子们，正是因为他们对我的信任，愿意持续去做，才有了这一个个成功的案例，才最终有了这本书。

亲爱的朋友，愿您借由时间管理这扇窗，成为孩子一生最美好的陪伴者而不是监督者，最有力的唤醒者而不是管理者。

唯愿天下父母，都成为孩子一生最美好、最强有力的教练！

温全燕

2021 年 8 月 26 日